Elogios para

Cambia de perspectiva: pon tu corazón en las ventas vendiendo con ética y principios. Conviértete en un vendedor de alto rendimiento: vende con el corazón. Conviértete en un vendedor de alto rendimiento: vende con ética y principios

"*Venta emocional* une la brecha existente entre la nueva ciencia de lo que son hoy en día las ventas y las realidades del cliente actual, altamente informado y abrumado, que exige y merece un enfoque de ventas más personal. La experiencia de Levitin es evidente en esta lectura al lograr una interesante combinación entre la neurociencia, el corazón y el humor, mediante los cuales creó un poderoso recurso para todo el que desee tener éxito en las ventas".

—**Michael Brown**, CEO, Hilton Grand Vacations

"Si practicas solo una de las 'verdades universales' que propone Levitin, tendrás un éxito inmediato. Así que, ¡imagínate lo que ocurrirá si pones todas los diez en acción! ¡Observa los resultados! Será toda una proeza para quienes están interesados en vender, servir o vivir una vida más auténtica".

—**Shep Hyken**, autor del *bestseller* de *The New York Times, The Amazement Revolution*

"Shari es una gran oradora y escritora. *Venta emocional* está lleno de ingenio, sabiduría y humor. Esta es una lectura OBLIGATORIA para cualquiera que venda cualquier cosa".

—**Patricia Fripp,** ex Presidenta de National Speakers Association, entrenadora de ventas, oradora principal, entrenadora de discurso ejecutivo de CSP, CPAE

"Se ha dicho que nada ocurre en este mundo hasta que se haga una venta. También se ha dicho que no existe nada más importante en la vida que las relaciones interpersonales. Shari combina maravillosamente estos dos conceptos. Yendo más allá del "cómo", este libro se ocupa del "porqué" que solo los mejores vendedores entienden".

—Dan Baker Ph.D, Dan Baker Consulting, autor de *What Happy People Know,* conferencista, entrenador ejecutivo y consultor

"En este libro Shari Levitin habla de eliminar las excusas y asumir la responsabilidad. Así que no hay excusas —adquiere este libro y asume la responsabilidad de tu éxito en el campo de las ventas. Es un texto triunfador".

—Colleen Stanley, Presidenta de Sales Leadership, autora de *Emotional Intelligence for Sales Success*

"*Venta emocional* está lleno del ingenio, altruismo y humor característicos en Levitin. Sus fans se sentirán encantados y los líderes en ventas obtendrán nuevas herramientas eficaces y prácticas para incrementar sus ganancias y lograr clientes más satisfechos. Es refrescante ver una investigación respaldada por la ciencia, combinada con el corazón y la autenticidad. ¡Esta es una lectura oportuna y necesaria!"

—Fiona Downing, Vicepresidenta Senior, Developement and Operations, RCI

"Venta emocional es una lectura imprescindible e imperiosa, —pero no pienses ni por un momento que es solo para los profesionales en ventas. Cualquier persona en el negocio de persuadir a otros se sentirá enriquecida por haber leído esta obra".

—**Maria Margenot,** Vicepresidenta Senior de Desarrollo de Ventas, Reclutamiento y Capacitación, Wyndham Vacation Ownership

"Establecer confianza a través de la construcción de relaciones es fundamental, Sin embargo, esto es algo que los profesionales en ventas a veces olvidan. Shari destaca la importancia de establecer, mantener e incrementar la confianza entre compradores y vendedores brindándoles confiabilidad, honestidad e integridad. Con gran entusiasmo y emoción, Shari ofrece a sus lectores toda su sabiduría, ayudándoles a recordar su mensaje a través de cuentos, anécdotas y viñetas. Esa clase de sabiduría es transformadora. No me canso de recomendar *Venta emocional*".

—**Ken Allred,** Fundador y CEO de Primary Intelligence

"Venta emocional es brillante. El enfoque de Shari es fresco, divertido y práctico. Está lleno de ideas utilizables y muy pronto se convertirá en el nuevo método de venta para toda la industria turística".

—**Eric White,** Director de Pacific Sun Marketing

"Venta emocional es increíblemente poderoso y perspicaz. Todo profesional en ventas debe tener estas habilidades en su caja de herramientas. Este libro no solo te mostrará cómo cerrar más negocios, sino que renovará tu espíritu y tu propósito de vida".

—**Teniente Coronel Rob** "Waldo" Waldman, MBA, CSP, CPAE, Your Wingman, Miembro del Salón de la Fama del Orador, autor del *bestseller* de *The New York Times, Never Fly Solo*

"¡Esta es una lectura fantástica! ¡Una bocanada de aire fresco en la formación actual en el mundo de las ventas! Plantea la conexión que debe existir entre el corazón, la dedicación y la comprensión de que, en el proceso de crear nuevos clientes y lograr que ellos se sientan felices durante los próximos años... este es el siguiente nivel de formación que necesitamos implementar desde ya en este campo. Es 100% efectivo".

—**Doug Saunders,** Director de Proyecto Vida Vacations, México

"¡Shari es una estrella! Rara vez, leo completos los libros de negocios. ¡Pero este, lo leí de cubierta a cubierta!"

—**Kathryn (Katie) Hoffman Abby,** Decana Asistente, Divulgación Corporativa, Escuela de Negocios David Eccles de la Universidad de Utah

"Cuando se trata de vender, el corazón siempre influye más que la cabeza. En esta época, saber generar confianza como un vínculo de ventas emocional es un factor crucial del éxito. En este libro, Shari nos enseña cómo hacer precisamente eso. ¡Bravo!"

—**Trish Bertuzzi,** autora de *The Sales Development Playbook*

VENTA
emocional

VENTA
emocional

Cómo crear una conexión real
y humana con sus clientes

Shari Levitin

TALLER DEL ÉXITO

Venta emocional

Contenido

DEDICATORIA

A mi madre, que respeto amo y admiro con todo mi corazón. No tengo palabras para describir su alegría, carácter y compasión. Pero si las tuviera, estoy segura de que ella me animaría a volver a escribirlas, a editarlas una vez más y a mejorarlas.

AGRADECIMIENTOS

Dicen por ahí que escribir un libro es como dar a luz. En mi caso, habiéndome perdido de esa dicha, puedo decir que escribir *Venta emocional* ha sido para mí la experiencia más maravillosa, dolorosa, frustrante, agonizante, gozosa y gratificante de mi vida. De igual manera, la creación de este libro tampoco es algo que yo podría haber hecho sola.

Quiero comenzar agradeciéndole a mi bella y cariñosa familia. Mi vida pasó de blanco y negro a color cuando mi marido, Lee, y su hijo (ahora mi hijo adoptivo), Tyler, entraron en ella. Gracias a ambos por su amor y comprensión durante este último año, tan lleno de jornadas de 16 horas diarias; les agradezco por estar siempre disponibles para conversar conmigo respecto a este proyecto y por ser parte activa en el proceso de edición, animándome constantemente.

Gracias a mi padre, que siempre me ha dicho que soy capaz de hacer cualquier cosa que yo quiera; y a mi muy exitoso hermano, Daniel, que es un ejemplo de humildad.

Me siento en deuda con mi amiga y mentora, Jill Konrath. Gracias por patearme el trasero y hacerme escribir un libro real, en lugar de presentar mis escritos como "un obsequio" al final de mis conferencias, cuyo número de asistentes solía ser muy reducido al comienzo. Tu guía, experiencia y generosidad de espíritu le imprimen un significado nuevo a la frase: "Hay suficiente para todos".

Gracias a Lee Eisler y Marisa Handler, conferencistas de Stanford y personas de toda mi confianza, por ayudarme a encontrar mi auténtica voz y enseñarme a hablar desde mi corazón.

También estoy agradecida con los muchos amigos y colegas en los campos de las ventas, la tutoría y el liderazgo que, con gran amabilidad, leyeron los primeros capítulos de este libro. Todos ellos me brindaron su sabiduría y consejos para que *Venta emocional* fuera relevante tanto para el consumidor actual, en constante cambio, como para las necesidades del actual profesional de ventas.

Me refiero específicamente a:

+ Katie Hoffman

+ Abby Ken Allred

+ Dr. Dan Baker

+ Trish Bertuzzi

+ Julie Benson

+ Terri Cotter

+ Lee Eisler

+ Patricia Fripp

+ Carolyn Galvin

+ Erika García

+ Michael Gehrig

+ Melissa Gordon

+ Daniel Greene

- Sean Harrison

- Ron Hensel

- Jim Madrid

- María Margenot

- Alyson Robbins

- Katie Roberts

- Adam Robertson

- Doug Saunders

- Glenn Seninger

- Will Spendlove

- Colleen Stanley

- Waldo Waldman

- Jack Waller

- Andrea Waltz

Siento una enorme gratitud hacia los empleados, socios estratégicos y clientes pasados y presentes porque ellos fueron los más importantes en el éxito del Grupo Levitin durante los últimos 20 años. Especialmente, les agradezco a Kent Kozimor, por su lealtad y flexibilidad; a Terry Ferara, por ser mi brújula y gran compañera; a Dave Stroeve, Eric White, Geoff Balotti, Kari Bodily, Jenny Ochtera Davlin, Fiona Downing, Howard Nussbaum, Linda Clemons, Joe McGriff, Bruce Polansky, Ken May, Franz Hanning, Gordon Gurnik, Valerie Ickes, Angela Andrews, Marie Sarno,

David Fitzgerald, Simon Crawford Welch y Stephen G. Williams, porque, en ese entonces, todos ellos creían en mi extraño talento.

A mis mejores amigos, Colleen Sugerman y Susan Fredston-Hermann, por su apoyo emocional.

Ciertamente, no lo habría logrado si no fuera por el trabajo incansable de mis editores: Michael Levin, que me ayudó a descubrir la esencia de mi mensaje y a agregarle ingenio y humor. A Sarah Rainone, por su compromiso incansable en ayudarme a generar tanto la estructura como el mensaje adecuados. Gracias también a Kelsey Fredston-Hermann, por su inteligencia y curiosidad.

Toda mi gratitud hacia Lori Richardson y a las asombrosas mujeres en SalesPros. Gracias por aceptarme en este grupo de mujeres de alto rendimiento que se apoya mutuamente en su trabajo y cuya misión es crear un futuro aún mejor para todas las mujeres profesionales en ventas.

Por último, me gustaría reconocer a los miles de profesionales y líderes en ventas que encuentran valor en nuestro entrenamiento. Ustedes ponen todo de sí en cada interacción con el cliente y son ustedes quienes marcan la diferencia, quienes reciben el rechazo, los que se levantan y les dan a todos sus clientes y prospectos su corazón y su alma. Sobre todo, gracias a ustedes.

INTRODUCCIÓN

Encontrando el balance entre el corazón y las ventas

No recuerdo la fecha exacta en que ocurrió, pero nunca olvidaré aquella sensación. Después de enseñar durante cinco horas en un seminario de ventas para un cliente en México, estaba convencida de que había logrado enganchar a todo el mundo en el tema. Duré 15 años desarrollando un sistema como vendedora, y aunque era nueva en el negocio del entrenamiento, mi audiencia la estaba pasando bastante bien. Los asistentes se reían con mis historias y asentían sobre mis ideas. Y yo me sentía bien.

Acababa de terminar de hablar sobre la importancia de las que yo llamo "preguntas de tercer nivel", —preguntas que te llevan al "por qué" más profundo y emocional que yace detrás de las decisiones de compra de la gente. Y en ese momento, un vendedor al fondo de la sala levantó la mano.

"Me gustan todo esto que estás enseñando", comentó, "pero ¿el cliente sí se sentirá bien al ser *manipulado* por todas estas técnicas de ventas?".

El recinto entero se quedó en silencio.

Nunca me habían hecho esa pregunta antes y esa posibilidad me cuestionó. Toda mi misión consistía en enseñarle comportamientos éticos al personal de ventas. Ese era el punto esencial de mi sistema: la construcción de una conexión auténtica.

Hice mi mejor esfuerzo para lucir serena. Sin embargo, me sentí cualquier cosa, menos eso. ¿Sería que mi inexperiencia me estaba enseñando algo nuevo, o que —y esta era la opción más espantosa— *yo estaba enseñando técnicas que eran superficiales e incluso manipuladoras?*

Esa no era yo, ni tampoco era lo que quería ser. Así que, me detuve a analizar esa pregunta por un momento.

"Déjame pensar en eso esta noche", respondí. "Y lo discutiremos por la mañana".

Afortunadamente, esa noche fui invitada a cenar con los mejores vendedores que asistían al seminario. Un anciano se presentó como Apapacho.

"¿Apapacho?", pregunté. "No había oído ese nombre antes".

"Es un apodo", explicó. Significa "consentidor" o "afectuoso".

Apapacho me contó un poco acerca de sus antecedentes; llevaba 25 años con la compañía, era uno de sus vendedores de más alto rendimiento y, sin embargo…

"Tengo una confesión que hacer", manifestó. "Nunca he recibido entrenamiento formal en las ventas. Simplemente, amo a mis clientes. Soy un estudiante de la gente".

Apapacho había conocido a muchos de sus primeros clientes cuando ellos estaban criando a sus hijos y los enviaban a la escuela primaria. Ahora, esos mismos chicos ya casi se iban a graduar en la universidad y estaban criando a sus propios hijos. Él había sido parte de sus vidas y hasta les enviaba tarjetas con fotos de sus tres perros en ocasiones espéciales como en las épocas de vacaciones o para el Día de Acción de Gracias, etc.

"Para ellos, ¡supongo que solo soy Apapacho!", agregó.

En ese momento, supe que tenía mi respuesta para el hombre que estaba en la parte de atrás del salón de conferencias, y así, a la mañana siguiente, retomé la pregunta.

—Quiero referirme a la pregunta de ayer", dije. "Creo que tienes razón. Si, simplemente, utilizas las técnicas de ventas y, realmente, *no te interesas, ni te conectas con* tus clientes, titubearás. Sonarás poco auténtico e incluso, manipulador. De hecho, si esa es la única técnica que tienes para vender, deberías encontrar otra profesión".

El hombre que había hecho la pregunta asintió. Esa era la escueta verdad.

"Pero ten cuidado de ir demasiado lejos en la otra dirección. Si todo lo que tienes es *apapachos,* afecto para tus clientes, y nunca usas técnicas sólidas, es probable que te vaya bien en las ventas, pero no tan bien como debería", agregué antes de compartir mi gran descubrimiento de la noche anterior.

"Cuando combinas técnicas probadas con *apapachos*", proseguí, "ahí es cuando lograrás el verdadero éxito".

En esencia, este es un libro sobre el tema de la conexión humana. Se trata de cómo relacionarte basado en *apapachos* con tus clientes —y con todo el mundo que conozcas. Consiste en mostrarte cómo usar las habilidades ya probadas en el campo de las ventas, pero sin perder tu autenticidad.

Una gran cantidad de libros te ayudará a maximizar tus ganancias y a sacar el máximo provecho de tus empleados. Libros así están llenos de técnicas para motivar e incentivar a tu fuerza de ventas, y tienen su lugar en el mundo.

Sin embargo, este *no es* uno de esos libros.

Este cambiará tu forma de pensar en cuanto a lo que significa poner *tu corazón en lo que estás vendiendo.* La filosofía propuesta en esta lectura cambiará tu forma de juego: es un cambio de perspectiva, un salto de fe que han dado muchos de los líderes más exitosos del mundo —en ventas, en política, en cualquier negocio—. ¡Da tú también ese salto!

¿Qué significa tener tu corazón en las ventas? Significa vivir de una manera ética y de principios, por supuesto. Pero más que eso, implica preocuparte realmente por mejorar tanto la vida como los negocios de tus clientes. Se trata de comprender las necesidades y el comportamiento humanos; de utilizar esa comprensión para formar una conexión auténtica y no para tratar de lograr una venta rápida. Significa dejar espacio para escuchar de verdad en lugar de tener que soportar a tu posible cliente a lo largo de una cita para tratar de cerrar una venta. Es cuestión de escuchar la emoción que hay implícita detrás de sus palabras —y enfocarte en lo que estás escuchando. Y por encima de todo, significa *vivir* estos principios en cada aspecto de tu vida.

Si estás en una posición de liderazgo, vender con el corazón aumentará la satisfacción laboral entre tus equipos de gestión y las fuerzas de ventas. Los equipos que venden con el corazón son más abiertos, más receptivos, más comprometidos y más dispuestos a hacer brillar sus pasiones y talentos.

Introducción a 10 verdades universales

Durante los últimos 20 años, mis colegas y yo hemos tenido la oportunidad de trabajar en muchas compañías de *Fortune 500*, con culturas empresariales envidiables, cuyos productos son superiores. En la etapa crucial del colapso del mercado, les ayudamos a las nuevas compañías inmobiliarias a mantener sus puertas abiertas y a recuperar su ventaja competitiva. También impulsamos los ingresos de los *call centers* enseñando a los representantes de ventas sobre la sicología implícita detrás de sus guiones. Nuestros materiales de capacitación han mejorado la vida de cientos de miles de vendedores y jóvenes empresarios, desde nuevos reclutas hasta veteranos que desean dominar cada vez mejor su juego.

He pasado mucho de ese tiempo preguntándome por qué vendedores que ofrecen los mismos productos y servicios, y siguen los mismos procesos, suelen tener resultados tan diferentes. ¿Por qué los vendedores de un mismo concesionario de automóviles, los agentes de bienes raíces en el mismo mercado y los vendedores de productos de software similares producen resultados tan diferentes? ¿Por qué un vendedor gana $50.000 dólares al año mientras que otro en la misma industria gana $400.000?

Buscando respuestas a estas preguntas, hice mi tarea de estudiar a los mejores líderes en ventas y vendedores en varias industrias.

Por cada persona que estudié, me pregunté: ¿qué dijo? ¿Qué no dijo? ¿Cómo lo hizo? ¿Tenía trucos secretos o mejores prácticas que podría compartir?

La respuesta a todos estos interrogantes se redujo al hecho de que los vendedores con resultados superiores se caracterizan por un montón de diferencias que van más allá de los productos que venden y de las industrias en las que trabajan. Algunos se capacitaron académicamente y otros se formaron con base en su propia experiencia en el campo de batalla; unos son efusivos, mientras que otros son tímidos; unos crecieron en medio de la riqueza y otros tuvieron que luchar para abrirse camino desde abajo. Pero todos son iguales en algo muy importante.

Más allá de saber qué decir y por qué decirlo, los vendedores estelares saben algo más; algo más profundo, más sutil y más perpetuo.

Habla con vendedores exitosos y encontrarás que tienen un aspecto en común. Ellos, no solo involucran su corazón al conectarse con los demás, sino que también están muy conectados consigo mismos y con sus propios objetivos y sueños. En otras palabras, saben quiénes son y qué quieren de la vida. Independientemente de lo que venden, de donde viven o de quienes sean sus clientes, los vendedores con máximo desempeño son auténticos y están llenos de un sentido de propósito.

Esta autenticidad es más importante hoy que nunca. Si nosotros como vendedores no procedemos con integridad, los clientes lo saben al instante. Los compradores de hoy, y estoy segura de que estarás de acuerdo en esta afirmación, son más astutos que nunca y se muestran cautelosos ante las presentaciones escenificadas y fraudulentas de ciertos vendedores. Una encuesta reciente de Gallup encontró que los clientes consideran a los profesionales en ventas, como agentes de bienes raíces, concesionarios de automóviles y representantes de telefonía, entre los *menos* éticos de todos los profesionales —solo los lobistas, —activistas de los grupos de presión— y los miembros del Congreso ¡se clasifican más abajo!

He pasado la mayor parte de mi carrera desarrollando sistemas y diversos modelos y esquemas, pero nunca te diría que existe un método único para las ventas. Las personas son diferentes y complejas. Los productos son diversos. Y los mercados están en constante cambio. Y aunque no creo en soluciones únicas, lo que sí sé es lo siguiente:

Existen algunas verdades poderosas sobre el comportamiento humano que aplican a todas las personas, en todas partes y en toda circunstancia. Son verdades que nos sirven no solo para conectarnos con los demás, sino también con nosotros mismos y con nuestros propósitos más profundos; que nos ayudan a hacer nuestro trabajo más eficaz y auténticamente, así como a llevar una vida más enriquecedora y satisfactoria.

Los mejores vendedores saben cómo equilibrar el corazón y las ventas. También entienden que, a menos que realmente se conozcan a sí mismos, nunca se conectarán de verdad con sus clientes, ni con nadie. Ellos tienen muy claro el hecho de que lo que uno hace es importante, pero que es más importante *lo que uno es.*

Todas estas verdades universales contribuyen al logro de ese equilibrio y para conectarnos más profundamente con nuestro yo auténtico.

Por favor, no creas que he escrito este libro porque mi vida ha sido un desfile de premios y victorias o, por el contrario, de luchas, fracasos y dolor. Ha sido una combinación increíble y necesaria de ambos aspectos. Siempre he vivido mi pasión, he puesto mi corazón y mi alma en todo lo que he hecho. No siempre ha funcionado a mi favor, pero no tengo grandes remordimientos. Mi sincera esperanza es ayudarte a encontrar tu propósito en la vida o, quizás, a reavivar las pasiones que una vez impulsaron las decisiones que ya tomaste.

Las ventas pueden ser un juego duro, que está lleno de rechazos, estrés y dudas respecto a uno mismo. Pero una vez que tus sueños sean más potentes que tus miedos, sabrás que tus recompensas son mucho mayores que tus luchas.

Este libro y las 10 verdades universales que compartiré contigo constituyen una guía definitiva para vender más y vivir con mayor orgullo y propósito. Espero que lo encuentres emocionante, divertido, inspirador, auténtico y, sobre todo, lleno de corazón.

Las 10 verdades universales

1. El éxito comienza con el deseo de crecimiento. Los vendedores de alto rendimiento están de acuerdo en que deben tener la voluntad para asumir la responsabilidad de sus falencias, una profunda curiosidad por sus clientes y el mundo, y un enorme deseo de conocimiento. Ellos se han comprometido a utilizar lo que han aprendido a lo largo de su experiencia con el fin de seguir mejorando. Cuando tú tengas este "deseo de crecimiento", no solo mejorarás tu historial de ventas, sino que también transformarás tu vida.

2. Las emociones impulsan la toma de decisiones. El deseo de ser amado, de crear cercanía, de verte bien, de sentirte bien, de ser recordado —incluso, de pertenecer— impulsa todas tus decisiones. Tu capacidad para descubrir los motivadores emocionales dominantes de tus clientes generará tu éxito.

3. La libertad está fundamentada en la estructura. Los pilotos pasan por listas prevuelo de comprobación. Los tiradores de tiro libre desarrollan rituales que les ayuden a hacer el mismo tiro una y otra vez. Los panaderos se adhieren a las recetas comprobadas por el tiempo. Entonces, ¿por qué debería ser diferente en las ventas? Los profesionales que pertenecen al campo de las ventas y son altamente exitosos tienen un proceso que siguen vez tras vez. Parecerá poco intuitivo, sin embargo, la estructura produce la libertad de actuar con autenticidad y de crear una verdadera conexión.

4. En las ventas, "no" nunca significa no. ¿Estás paralizado por el miedo? ¡Muy bien! Los mejores vendedores saben que, cuanto más miedo sienten, más importante será enfrentarlo. Lo que tienes miedo de hacer, debes hacerlo lo más pronto posible. Esa pregunta que tienes miedo de formular, formúlala. En este capítulo, veremos cómo "salir de las aguas pantanosas". El fracaso es inevitable. La resiliencia es una habilidad de la vida que llenará tu alma y tu bolsillo.

5. La confianza comienza con la empatía. La confianza nace de rasgos como la empatía, la integridad, la confiabilidad y la competencia. Tú necesitas estos cuatro rasgos, pero, si no te conectas a nivel empático, no tendrás la oportunidad para demostrar los otros tres. La empatía es el primer bloque de confianza. No es posible pretender tener empatía porque esta no se trata de cambiar la conversación hacia lo que tú quieres decir, ni tiene nada que ver con juzgar a tu cliente. Se trata de estar totalmente comprometido y presente ante las emociones de tu interlocutor.

6. La integridad conduce al éxito. Una vez que cultivamos la verdadera empatía, nos resulta imposible mentir o engañar a nuestros clientes, o a cualquiera, incluyéndonos a nosotros mismos. La palabra "ventas" proviene de la antigua palabra inglesa que se utilizaba para "dar". Esto implica que, cuando vendemos, debemos dar. Solo mantendremos nuestra integridad y disfrutaremos de un éxito duradero cuando cultivamos rasgos honorables como la fiabilidad, la competencia y la integridad. Eventualmente, estos se convierten en parte de nuestro carácter.

7. Lo que se puede decir, se puede preguntar. Cuando hacemos las preguntas correctas, descubrimos cosas de importancia. "Las preguntas para descubrir" revelan las necesidades de los clientes, dirigen sus pensamientos por el camino que nosotros elijamos, generan curiosidad y, en última instancia, los mueven a la acción. Estas preguntas crean una relación, generan compromiso y les ayudan a tus clientes potenciales a convencerse. Las preguntas bien elaboradas nos ayudan a ganar puntos sin tener que, ni siquiera, levantar la voz. Las buenas preguntas producen cambios. Las grandes preguntas pueden cambiar el mundo.

8. El compromiso emocional precede al compromiso económico. La mayoría de los vendedores asume incorrectamente que puede crear un sentido de urgencia acudiendo al argumento de la escasez o apelando a la codicia. Pero, si las personas no quieren lo que ellos les están vendiendo, no les importará si solo quedan dos de sus productos o si están lanzando uno nuevo. (Quien quiera comprar un carruaje de caballos, ¡está a la venta solo hoy! ¡El paquete incluye algunas herraduras gratuitas!) En este capítulo veremos maneras de involucrar a los clientes utilizando historias y mostrando con urgencia que nuestros productos o servicios sí están conectados a aquello que los motiva.

9. La persistencia vence la resistencia. Tan pronto como una perspectiva recibe resistencia, la mayoría de los vendedores tiende a bajar el precio, a modificar los términos de la venta o a cambiar la oferta. Pero la verdad es que, solo cuando un prospecto o un cliente están en un estado emocional receptivo, tú puedes cerrar la venta. Esta sección incluirá estrategias para mantener receptivos a los clientes y despejar sus objeciones más fuertes hasta descubrir cuál es la objeción real y final, que es la que te ayuda a cerrar más negocios y a mayor velocidad.

10. Lo negativo obstruye lo positivo. Día a día, en cada encuentro, tú tienes una opción: buscar lo positivo de cada persona o experiencia —lo que es valioso o productivo— o buscar lo que está mal. Cuando interactúes con tus asociados o con tus clientes, no busques razones por las que ellos no comprarán. Enfócate en las razones por las que sí comprarán. ¡Lo que tú busques, eso es lo que encontrarás!

La verdad sobre las verdades

Después de un gran evento de capacitación que realicé hace unos años, un hombre mayor que se encontraba en la primera fila se me acercó y me dijo que había estado viniendo a mis seminarios durante años.

"He escuchado todos tus CD", comentó. "Veo tus DVD cada semana…"

Sonreí, preguntándome qué sería lo que iba a decirme. Si alguien está viendo y escuchando constantemente acerca de mi trabajo, pensé que lo que querría manifestarme debía ser un gran halago, ¿no?

Incorrecto.

"Pero tengo que decirte", continuó, "que tu entrenamiento no funciona".

¡Quedé impactada! No entendía por qué me decía esto, ni por qué, si no le funcionaban mis propuestas, me seguía escuchando.

Pero sentí curiosidad, así que le pedí que me hablara un poco sobre su proceso y él me describió cómo vendía. Tuve que admitir que este era un estudiante serio de mi trabajo. (¡Vaya! ¡Este hombre conocía mi material mejor que yo!) Sonaba como si en realidad entendiera mi enfoque sobre las ventas. Estaba exponiendo todas mis ideas de manera correcta y cada una de sus preguntas era pertinente.

Entonces, le pedí que *me mostrara* su presentación —y de repente el problema fue obvio.

Desde el principio, era claro que algo faltaba. Él sabía con exactitud qué decir y qué hacer, sí, pero algo estaba interfiriendo con su habilidad para ejecutar todo el plan correctamente. Después de hablar un poco más, llegué al fondo de la cuestión. Resultó ser que, la verdad, él no creía en su producto y, lo que es más importante, carecía de compasión por sus clientes. A él no le importaba lo que decía y se proyectaba como una persona muy poco auténtica.

Con frecuencia, me encuentro con un montón de vendedores que, aunque están llenos de conocimiento, obtienen pocos resultados; entonces, les digo lo mismo que le dije a este hombre:

Quizá tienes conocimiento a nivel intelectual, pero eso no significa que sepas cómo ejecutarlo de manera efectiva.

He estado practicando montañismo desde hace años. Y antes de cualquier ascenso, estudio la ruta y aprendo todo sobre el tipo de roca con la que me voy a encontrar. Pero, créeme, una vez que estás colgando de una cuerda a varios cientos de pies del suelo, comprendes que saber cómo hacer algo y realmente hacerlo son dos cosas muy diferentes. ¡Vaya si lo son!

La única forma en que uno mejorará su desempeño es cerrando la brecha entre lo que sabe y lo que está haciendo.

Puede que hayas leído el resumen de las 10 verdades universales y pensado: *"Pero yo sé todo esto. Por supuesto que sé que se supone que tengo que construir confianza, hacer preguntas y asumir responsabilidad"*.

Pero he aquí la pregunta difícil: ¿realmente lo estás haciendo? ¿Y lo haces todas las veces o quizás la mayor parte del tiempo?

Si no, ¿por qué no?

Resulta que hay una muy buena razón.

Enfrenta tus tendencias

Al igual que otros animales, los seres humanos caemos en "modos predeterminados" cuando realizamos tareas difíciles —que incluso, preservan la vida—. Piensa en estos modos predeterminados como el camino de menor resistencia: hacer lo que implica la menor cantidad de trabajo o requiera el mínimo desgaste mental. El alce que visita nuestro patio trasero no se desvía tanto de su hábitat. ¿Por qué? Porque se necesita mayor esfuerzo para conseguir comida en otros lugares lejanos. La comida es abundante justo donde él está.

Primero que todo, oí esto del "modo predeterminado" en mi clase de yoga Anusara. El instructor nos dijo que todos tenemos ciertas "tendencias" y las ponemos en práctica cuando no estamos muy enfocados. ¿Por qué? Porque son más fáciles de ejecutar. Nuestro cuerpo está naturalmente predeterminado hacia adoptar las posiciones más fáciles: encorvamos los hombros, descolgamos la cabeza o nos olvidamos de respirar de forma adecuada. Cuando realmente no estamos prestando atención, tendemos a pasar al modo predeterminado. Con el tiempo, en nuestro lugar de trabajo, estas tendencias terminan por conducirnos a un dramático bajo rendimiento.

Existe una ciencia encargada de explicar el porqué. Los neurocientíficos han descubierto una parte del cerebro a la que ellos llaman "red de modo predeterminado", la cual se vuelve hiperactiva cuando estamos en lo que se conoce como un "estado de reposo" [1]. (En realidad, esa es una buena práctica para después del trabajo, durante una pausa o los fines de semana porque este tiempo de inactividad refresca el cerebro).

Sin embargo, usar esta parte del cerebro cuando estás con un cliente potencial tiende a limitar tus habilidades de interacción. Para realmente conectarte, debes "salir" de este estado. Necesitas tener tu atención 100% presente para vender con integridad y autenticidad. No obstante, de alguna manera, este estado de descanso es hacia donde todos nos retiramos cuando estamos distraídos.

Todos tenemos tendencias predeterminadas por superar. Son todos estos comportamientos repetitivos o destructivos —por lo general, inconscientes— los que nos impiden hacer una venta. A veces, cuando estamos cansados o distraídos, se pronuncian más. Sin embargo, los modos predeterminados toman control por otras razones que, para explicarlas de forma resumida, yo utilizo el acrónimo "HELL" (infierno, en inglés).

¿Caíste en el infierno (HELL) de las ventas?

H = *(Habits)* Hábitos

E = *(Ego)* Ego

L = *(Lack of knowledge)* Falta de conocimiento

L = *(Laziness)* Pereza

Hábitos

Hacemos muchas cosas por simple hábito. Muchos veteranos de ventas son culpables del hecho de practicar algún mal hábito. De repente, tú también has estado haciendo algo mal durante tanto tiempo que no logras ver cómo esta práctica causa estragos en tu rendimiento: o es una acción tan sutil que no distingues que dicho comportamiento es en realidad un obstáculo.

Charles Duhigg escribe en *The Power of Habit* que, cuando realizamos repetidamente incluso actividades cotidianas (como cepillarnos los dientes, preparar nuestro café de la mañana o parquear el carro), formamos patrones neurológicos[2]. Cuanto más repetimos un comportamiento, más reforzamos ese hábito. Por ejemplo, si somos crueles todos los días, nos convertimos en personas desagradables; si no escuchamos a la gente, nos volvemos egoístas; cuando enfatizamos todo el tiempo, nos volvemos testarudos. Como dice el refrán, "somos lo que hacemos repetidamente". Con el tiempo, tanto los buenos como los malos hábitos se van haciendo más fáciles de ejecutar.

Los hábitos son una parte natural del ser humano. El problema, por supuesto, es cuando nos quedamos atascados en aquellos hábitos que nos perjudican. La buena noticia es que, si somos conscientes de ellos, todos tenemos la capacidad de cambiarlos. Si nos enfocamos en disciplinarnos para sustituir viejos comportamientos por otros nuevos, lograremos cambiar lo que hacemos y, en última instancia, nosotros mismos terminaremos convirtiéndonos en otras personas.

Ego

De acuerdo con una investigación realizada por David Mayer y Herbert M. Greenberg, los buenos vendedores tienen la necesidad de conquistar[3]. Este tipo particular de impulso del ego nos da la capacidad de desear grandeza, de decir: "Voy a ser el número uno y ganaré una gran ascenso".

Sin embargo, el otro aspecto del ego nos impulsa tanto a meternos en el juego de la culpa como a pasar por alto nuestra responsabilidad por una venta perdida. Un ego exagerado nos impide aprender y crecer a medida que surgen nuevas tecnologías o cuando el cliente nos exige un tipo o nivel de interacción diferente.

He oído a muchos vendedores justificando su pobre desempeño citando un estudio reciente que muestra que, hoy en día, el tiempo de atención promedio de las personas se ha reducido de 12 a 8 segundos[4]. ¡Dicen que los peces de colores tienen un mayor tiempo de atención que las personas! Si no me crees, ve a la tienda de mascotas más cercana y haz un concurso que consista en mirar fijamente a un goldfish. Si eres como la mayoría de la gente, le apuesto mi dinero al pez.

El problema es el siguiente: en lugar de aceptar su incapacidad para retener la atención de un cliente, muchos vendedores prefieren sacar excusas para justificar su bajo rendimiento en vez de encontrar maneras de mejorar.

Parafraseando al gurú de la escritura creativa Robert McKee: tú no tienes un problema con tu capacidad para captar la atención; lo que tienes es un problema de "falta de interés"[5]. No es que nuestros clientes no estén prestando atención. Simplemente, no nos están prestando atención a nosotros. En otras palabras, no estamos reteniendo su atención. Si alguna vez has visto una serie de televisión como *Mad Men*, *House of Cards* o *Game of Thrones*, estoy seguro de que estarás de acuerdo en que les prestas más atención a los episodios que a tu cajón de calcetines. Cuando vendes, ¿eres tú Kevin Spacey en *House of Cards* o eres tan intrigante como un cajón de calcetines? ¡No dejes que tu ego te robe tu capacidad para asumir tu responsabilidad por tu nivel de rendimiento!

Y aunque te suene parecido al Dr. Phil, aquí va otra pregunta: cuando pierdes una venta, ¿analizas de qué maneras podría haber hecho un mejor trabajo? ¿O eres rápido para culpar a las circunstancias externas? ¿Qué tan dispuesto estás a buscar, aceptar y combatir esos hábitos que te están reteniendo?

Falta de conocimiento

Esta podría ser la razón más común por la cual los nuevos vendedores sucumben a sus tendencias negativas: ellos, *simplemente, no saben cómo hacer mejor las cosas.* Tal vez no han aprendido cuales son los pasos de su proceso de ventas, no dominan el conocimiento de sus productos o no tienen suficiente experiencia para superar y neutralizar las objeciones más comunes que se les presentan.

¿Es la falta de conocimiento del producto o del mercado culpa del gerente o del vendedor? A veces, es difícil determinar dónde termina la responsabilidad de una persona y comienza la de otra, pero los vendedores de alto rendimiento saben que, si carecen de conocimiento, deberían buscarlo. Si no estás recibiendo suficiente información de tu gerente, haz preguntas; busca información de otras fuentes; niégate a ser conformista. Tú no naciste para ser el vendedor promedio. No pienses ni por un momento que triunfarás al justificar tu falta de éxito en el hecho de que no eres un "vendedor nato". Como dijo el fallecido, gran entrenador de ventas y motivador, Zig Ziglar: "Miré en el periódico esta mañana y un enorme grupo de vendedores había muerto, pero no vi que naciera ni uno solo"[6].

¿Los grandes vendedores nacen o se hacen? Ni lo uno ni lo otro. Los grandes vendedores son luchadores del mundo de las ventas que se comprometen a superar sus tendencias negativas hasta vencerlas y así llegar a ser grandes.

Pereza

Cuando hablo de pereza, no quiero decir que preferimos estar acostados en una silla de patio bebiendo una margarita (aunque podríamos) o viendo capítulos repetidos de *Leave it to Beaver* y *My Three Sons*. A lo que me estoy refiriendo es a esos momentos de pereza en que no estamos comprometidos deliberadamente, cuando no estamos dando lo mejor de sí mismos.

Ninguno de nosotros es inmune al señuelo de la pereza. ¿Cuántas veces has hecho promesas como "voy a trabajar en la mañana", "no beberé esta noche" o "hoy voy a llamar a cinco referidos" —solo para caer en una excusa que justifique porqué mejor empezarás mañana?

Pero la pereza crónica termina teniendo un precio muy alto. Una de mis colegas, llamémosla Karen, duerme hasta las 9:00 cada mañana y sale de la oficina a las 5:00 de la tarde; sin embargo, durante los últimos 20 años, me ha estado diciendo: "Levitin, vives para trabajar. En cambio, yo trabajo para vivir".

Karen tiene reglas, —bastantes reglas—. Ella se niega a trabajar horas extra, a responderles a los clientes que necesitan servicio, a pedir el consejo de un mentor. Como resultado, vive de sueldo en sueldo y cuando nos reunimos, me dice: "¡Si tuviera tu dinero! ¡Eres tan afortunada!"

Yo no le digo que la suerte tuvo poco que ver con lo que tengo. Tampoco le digo que tuve que entrenarme a mí misma para evitar la dilación y comprometerme a permanecer enfocada incluso cuando quería abandonar el barco. ¿Por qué no le digo nada de eso?

Porque ella está demasiado comprometida con su propia mediocridad como para escuchar lo que tengo que decirle.

Los vendedores que fracasan por pereza no se preparan para las reuniones con sus clientes, toman atajos en sus procesos de ventas y, a menudo, se ponen a la defensiva cuando un cliente les hace una objeción. El cliente no los está atacando, pero la pereza puede hacer que los perezosos tomen opiniones inocentes como si fueran afrentas personales. El cliente solo está tratando de aprender o entender algo. Sin embargo, si se entera de que eres demasiado impaciente para responder a sus preguntas, tú mismo lo estarás guiando a ir a hacer negocios con alguien más.

Los vendedores mediocres tienen otro vicio: son adictos a las multitareas. Siempre están revisando sus cuentas de correo electrónico, Facebook y Twitter bajo el disfraz de multitarea, a pesar de que la ciencia nos ha demostrado que lo cierto es que no hay tal cosa. Según el autor y neurocientífico Dan Levitin (soy su orgullosa hermana), "la multitarea es una ilusión diabólica. Cuando las personas piensan que hacen multitareas, lo que en realidad están haciendo es cambiar de una tarea a otra a gran velocidad. Y aunque parecemos estar haciendo mucho, lo irónico es que las multitareas nos hacen evidentemente menos eficientes"[7].

¿Por qué? Porque estamos desviando nuestra preciosa y limitada atención de lo que más importa (¡nuestros clientes!) a lo que menos importa (lo que nuestra hermana escribió ayer sobre sus vacaciones y su desayuno en la playa).

Si no estás desempeñándote al nivel que te gustaría, pregúntate si de verdad les estás prestando atención a tus clientes y a tu trabajo o si más bien no estarás deslizándote hacia un mundo de fantasía y llenando tu tiempo de inactividad haciendo cosas que desgastan tu energía.

Culpamos a nuestros clientes por no prestarnos atención, pero ¿quién acaba de perder el concurso de mirar fijo con el pez de colores?

Si alguna vez te has encontrado en una situación de ventas en las que te sientes bajo el Efecto HELL, ¡felicitaciones! Eres humano. Caer en comportamientos de modo predeterminado es una parte natural de estar vivo y tal vez sea imposible eliminar por completo estas tendencias.

Sin embargo, nuestro objetivo es involucrar nuestro corazón al proceso de ventas, ir más allá de la mera interacción y lograr una conexión verdadera con los clientes. Recuerda: esta capacidad no solo nos hace más efectivos vendedores, sino que también aumenta nuestra satisfacción en cada área de nuestra vida. Los comportamientos de modo predeterminado nos desarraigan del momento presente —y es solo en este instante cuando tenemos la oportunidad de lograr el mayor impacto y experimentar la mayor alegría.

¿Qué tendencias predeterminadas tienes?

Ahora, sé brutalmente honesto contigo mismo. ¿Cuáles son esos comportamientos en modo predeterminado que te perjudican? Aquí hay una lista corta:

- Escuchar un problema del cliente y de inmediato tratar de resolverlo en lugar de tratar de descubrir *por qué* es ese un problema para él.

- Darle demasiada información al cliente.

- Venderle características del producto o servicio que no son importantes para él.

- Hablar demasiado durante el proceso de descubrimiento o en el cierre.

- No involucrar a todos los encargados de la toma de decisiones.

- Hacer que tu oferta suene demasiado buena para ser cierta.

- Exagerar los beneficios del producto… Solo esta vez.

- Decirle al cliente cómo funciona tu producto en lugar de explicarle cómo se sentirá cuando lo tenga y lo use.

- No prepararte antes de tiempo y limitarte a improvisar.

- Decirle al cliente que sus opciones, socios o forma de hacer las cosas están equivocados para hacer ver que tu solución parezca superior.

Y luego, está el mayor defecto de todos:

* *¡No escuchar, ni trabajar ante todo para descubrir los motivadores emocionales del cliente!*

Ahora, pregúntate: ¿A cuáles tendencias soy más propenso? Y cuando caigo en el modo predeterminado, ¿en cuál de las características de las ventas HELL normalmente incurro: en el hábito, en el ego, en la falta de conocimiento o en la pereza?

Tener una comprensión básica de tus tendencias te ayudará a obtener el máximo provecho de este libro. Por lo tanto, reserva ahora mismo un tiempo para pensar y descubrir en qué modos predeterminados incides. Después de todo, hasta que estemos dispuestos a admitir que tenemos un problema, no podremos resolverlo.

Es tu turno: haz una lista de las tendencias destructivas que te gustaría abandonar.

Ahora que conoces la verdadera fuente de tus luchas en el campo de las ventas, es hora de ver lo que empezarás a hacer al respecto. Encontrarás esas sorprendentes respuestas en el próximo capítulo.

* Los nombres y los detalles de identificación de muchas de las personas y empresas que aparecen en el libro se han cambiado para proteger su privacidad.

CAPÍTULO 1

El éxito comienza con el deseo de crecimiento

Verdad universal #1: los mejores vendedores tienen en común su voluntad para asumir la responsabilidad de sus falencias, su profunda curiosidad por sus clientes y el mundo, y su deseo de dominio. Ellos se comprometen a utilizar lo que han aprendido sobre sus procesos para seguir mejorando. Cuando domines esta "ecuación de crecimiento", no solo mejorarás tu historial de ventas, sino que también transformarás tu vida.

Cuando tenía unos 30 años, oí hablar de una oportunidad de ventas en Marriott. Afortunadamente, fui contratada, ya que fue allí donde conocí a mi primer mentor de ventas. El orador motivacional y autor Marcus Buckingham, que estuvo vinculado con la Organización Gallup, dijo una vez: "La gente no deja su trabajo, deja líderes"[1]. En cuanto a mí, me quedé y prosperé con Marriott gracias a un hombre: Greg Willingham. Greg creció en el negocio de la finca raíz y fue lo que los bostonianos llaman "un chico astuto". Fue por Greg que logré ascender escalones en Marriott hasta convertirme eventualmente en la vendedora de mayor rendimiento para luego seguir ayudando a liderar al equipo superior en ventas de la empresa.

Eso no quiere decir que trabajar para Greg fue fácil, —todo lo contrario. No debía haber ningún desorden en su sala de ventas. Las reuniones de ventas comenzaban cada mañana a las 8:00 a.m. en punto. Si no estabas en tu asiento al comienzo de la reunión, no tenías clientes ese día. ¡Así era! ¡Sin rodeos! La razón de tu tardanza no importaba. Un día, una compañía de bulldozers golpeó el Subaru de mi colega en el momento en que él se estaba parqueando en el estacionamiento.

¡No importó!

Greg no estaba interesado en las razones. "Contrato a los mejores vendedores que existan", dijo. "No quiero pasar mi tiempo escuchando excusas".

Greg me enseñó la lección más valiosa de mi carrera: los tres objetivos de cualquier cita de ventas:

1. Hacer que el cliente se sienta mejor con respecto a ti y a tu empresa que antes de conocerte.

2. Hacer una venta.

3. Si el cliente no compra, averigua cuál fue la verdadera razón para que la venta no ocurriera. Luego, aprende de ella, acepta la responsabilidad y no vuelvas a cometer el mismo error.

La tercera regla es la que me ha parecido la más importante y, a menudo, la más dolorosa. En el momento en que empieces a asumir, realmente, tu responsabilidad por tus acciones, sentirás el dolor de los fracasos con mayor agudeza que antes. Pero también aprenderás de cada experiencia y así nunca volverás a cometer las mismas equivocaciones. Esta disposición a mirar tus errores requiere de tu curiosidad. Las personas más exitosas que he encontrado no tienen miedo a decir: "Sí, me equivoqué, pero ¿qué hice mal? ¿Cuál es la lección? ¿Qué debo hacer para mejorar?" Ellas saben que no recuperarán una venta perdida, ni arreglarán un error ya cometido, pero se comprometen a cambiar su comportamiento la próxima vez.

¿Cómo? Dándoles un buen vistazo a sus hábitos y siendo lo suficientemente vulnerables para admitir lo que les está funcionando y lo que no. La voluntad de aprender y crecer es la que conduce a la verdadera maestría.

La ecuación de crecimiento

La responsabilidad, la curiosidad y la maestría forman la que yo llamo "la ecuación del crecimiento" —y los vendedores de alto desempeño entienden y practican esta verdad universal.

¿Por qué es un compromiso con el crecimiento un componente tan necesario del acto de vender con el corazón? Porque, cuando adquirimos responsabilidad, atraemos a la gente en lugar de alejarla. El aumento de la curiosidad crea relaciones más auténticas. Al dominar las técnicas de ventas, vivirás en el momento presente con tus clientes y estarás atento a sus necesidades y emociones.

Trabaja en estos tres aspectos y tus conexiones será más profundas y tu cheque de pago será más grande. Por supuesto, primero hay que creer que este tipo de crecimiento es posible.

Adquiere el compromiso de crecer —y rodéate de otros que hayan hecho lo mismo.

Durante años, pensé que las habilidades de venta eran algo con lo que uno nace o no nace. Pensé que mis talentos, al igual que mi cabello negro y rizado, eran una parte invariable de la vida.

En su *bestseller, Mindset: The New Psychology of Success,* Carol Dweck, Profesora de Stanford Business School, presenta una poderosa manera de ver el éxito. Los estudiantes de alto rendimiento poseen más que inteligencia y talento. Además, todos ellos tienen un compromiso frente al crecimiento y al aprendizaje continuo.

Dweck dice que la gente tiene uno de dos tipos de "mentalidad" que ejercen un impacto poderoso en cómo cada uno conduce su vida[2]. El primer grupo —al que pertenecen las personas con mentalidad fija— cree que sus cualidades y habilidades son estáticas. Piensa que hay un límite a sus talentos básicos y nada puede cambiar eso. Como resultado, siente una urgencia profunda por buscar la aprobación de los demás.

Todos conocemos gente que está atascada en una mentalidad fija. Dicen cosas como:

- No soy bueno en matemáticas.

- No recuerdo los nombres de las personas.

- No soy un vendedor innato.

- No entiendo de tecnología.

- ¡No me interesa la política!

- Nadie me encuentra atractivo.

- No soy del tipo atlético.

Esto se debe a que aquellos con mentalidad fija no sienten curiosidad por aprender más y a menudo no hacen el esfuerzo de convertirse en maestros en sus campos de acción; se esconden detrás de una falsa bravuconería y tratan de enmascarar sus deficiencias en lugar de intentar superarlas.

Por otra parte, las personas con mentalidad de *crecimiento* creen que sus cualidades básicas "son habilidades que se pueden cultivar a través del trabajo y la persistencia"[3]. Este tipo de personas se siente energizado por el aprendizaje y se revitaliza ante la idea de superar el fracaso. Para ellas, la vida es un viaje cuyo propósito es recolectar nueva información, hacer nuevas conexiones, pedir retroalimentación constructiva y aprender de lecciones dolorosas.

La pasión por autoexigencia es el sello distintivo de aquellos que poseen una mentalidad de crecimiento.

Un ejemplo perfecto de alguien con una mentalidad de crecimiento fue Benjamin Franklin. El propósito de su vida fue el automejoramiento. Con siete hermanos y siendo hijo de un pobre fabricante de velas, Franklin recibió menos de dos años de educación formal y, sin embargo, se convirtió en uno de los intelectuales más ricos y respetados del siglo XVIII[4].

Desde temprana edad, Franklin leyó todo lo que pudo. Amaba el conocimiento que hallaba en los libros y en 1727 formó un club llamado "The Junto", un foro estructurado para discutir y debatir temas intelectuales y mundanos con otros miembros del club.

Aprender sobre el mundo era obviamente importante para Franklin, pero también lo era pasar tiempo con otros pensadores y líderes de la comunidad que se sintieran tan curiosos y comprometidos con el aprendizaje como él.

Piensa por un momento en las personas de las que te rodeas: ¿son gente que te inspira y alimenta tu energía o que, simplemente, te desgasta?

Mi (ex) amiga Cindy siempre tuvo un problema de salud, un problema con su ex marido o una queja sobre su madre. De alguna manera, me convirtió en su tablero de resonancia y en su cantinera, escuchándole sus sangrientas historias en medio de muchas botellas de vino. Por desgracia, Cindy nunca hacía nada acerca de su situación. Prefería quejarse a buscar ayuda terapéutica y optaba por la victimización en lugar de la optimización. Cuando por fin me di cuenta de que no había nada que yo pudiera hacer para ayudarla hasta que ella misma empezara a ayudarse, nos separamos.

La próxima vez que te encuentres atrapado en una mentalidad fija, piensa en lo que podrías hacer para salirte de tus esquemas y aprender de tus errores. Piensa en los colegas y amigos que se esfuerzan por mejorar y pregúntate si estás pasando el tiempo suficiente con ellos, ayudándose a crecer mutuamente. Este compromiso con el crecimiento y los vínculos que formas con otros colegas con mentalidad de crecimiento prepararán el camino para que triunfes dominando la ecuación de crecimiento.

Responsabilidad

En uno de mis talleres de consultoría, empecé la primera sesión saludando a cada vendedor por su nombre. Todos respondieron con la misma alegría.

Todos, menos uno.

En lugar de saludar, Linda se apresuró a buscar excusas para justificar por qué no estaba teniendo suerte con las tareas del día anterior.

"Los prospectos son terribles", dijo. "No compran". La segunda mañana, hizo lo mismo.

"¡Buenos días!", exclamé. "¡Qué gran día!" Pero nunca fue un gran día para Linda.

"¡Estos conceptos no son acertados!", balbuceó.

¿Quién hace eso?, me preguntaba interiormente. "¿Quién culpa a todos y a todo menos a sí mismo por su falta de ventas?

De hecho, mucha gente. Muchos vendedores culpan a las circunstancias externas por su falta de éxito. Pero, cuando hacemos esto, estamos erosionando nuestras propias fuerzas.

Todos hemos conocido a personas que, de forma crónica, culpan a los demás —personas reactivas que autolimitan su capacidad de tomar el control de su vida. Los vendedores reactivos son fáciles de detectar. Ellos usan frases como:

- No puedo evitarlo.

- No tenían el dinero.

- Es culpa del mercado.

- No tengo tiempo.

- Nunca obtengo suficiente apoyo.

A menudo, la gente con tendencia crónica a buscar culpables teme por su seguridad en el empleo —y por buenas razones. Tomemos a Linda, por ejemplo. Su organización tenía más de 500 vendedores que trabajaban juntos en la misma oficina. Cada mes tenían premios para los tres mejores vendedores. Linda nunca había estado cerca de la cima; de hecho, ella estaba siempre entre los 10 últimos puestos con peores resultados.

Pero algo interesante ocurrió durante el curso del seminario. Las técnicas que yo estaba compartiendo comenzaron a resonarle en su interior y, dos semanas después, pasó del puesto #125 de su equipo al puesto #2. Cuando ya casi era el momento de anunciar los premios, me di cuenta de que Linda estaba en el fondo del salón, en una pequeña silla marrón, escribiendo febrilmente en una agenda amarilla.

Le pregunté qué estaba haciendo.

"Escribiendo mi discurso", dijo. "Voy a compartir con todos lo que hice para ganarme el segundo puesto".

La felicité por mejorar su récord de ventas, pero también le dije lo que les digo a los vendedores de todo el mundo:

No podemos tomar la gloria de ser grandes si no aceptamos la responsabilidad cuando no lo somos.

Recuerda: Linda no se culpaba a sí misma por ser la #125 en la lista —ella estaba culpando a los clientes. Así que, aunque yo estaba encantada de felicitarla por su victoria, le advertí que ella tenía que estar igualmente dispuesta a asumir la responsabilidad la próxima vez que los clientes no estuvieran comprando.

Los vendedores de alto rendimiento nunca culpan a los factores externos por su falta de éxito. Ellos saben que, incluso como veteranos, pueden pasar de tener un gran mes, donde todo el mundo compra, a uno donde no logran venderle nada a nadie. Lo intentan todo, pero ni siquiera convencen a su perro de ir a dar un paseo. Como escribe Eric Greitens en su libro *Resilience*: "Si bien el miedo puede ser tu amigo, las excusas son casi siempre tu enemigo. Frente a elegir la opción entre la acción esforzada y las excusas fáciles, la gente elige a menudo las excusas... La excelencia es difícil. Las excusas son seductoras"[5].

Las personas que venden involucrando el corazón nunca culpan a los factores externos por su falta de éxito. Ellas se sienten responsables y, en consecuencia, mejoran consistentemente.

Podrás tener el sistema de ventas más efectivo del mundo, pero, si no asumes la responsabilidad de tu propio éxito, al final, tu sistema no importará.

Cuando las organizaciones se dedican al juego de la culpa

Si el hecho de no asumir la responsabilidad impide que un vendedor talentoso crezca, su actitud podría significar la muerte de una organización. Sin embargo, en demasiadas empresas el juego de la culpa corre desenfrenado por todas partes. Un solo vendedor que viva dedicado a buscar culpables termina por convertir una cultura entera en una mentalidad de "es tu culpa, no mía" —en un juego que se reduzca a "apuntar con el dedo".

Hace unos años, me senté con un grupo de altos dirigentes que no cumplía sus cuotas de ventas. Ellos estaban luchando para conseguir que los vendedores aprendieran a prospectar correctamente y a aislar las objeciones.

Me reuní con el equipo de liderazgo por separado y les pedí que identificaran el que les pareciera el principal problema.

"Los vendedores, simplemente, no escuchan", se quejaron. "Les decimos una y otra vez qué hacer y nuestras recomendaciones les entran por un oído y les sale por el otro".

"¿En serio?", les dije. Quedé impactada. "¿Quién está a cargo de entrenar aquí?" Hubo un silencio incómodo.

"Nosotros", respondió uno de ellos.

"Los vendedores están esperando que ustedes ejerzan su liderazgo y los direccionen", les dije. "¡Ellos confían en que ustedes les proveerán mentoría y les pedirán cuentas de sus responsabilidades! ¿Y *ustedes* los están culpando a *ellos*?" Luego, me reuní con el equipo de ventas. Su mayor preocupación respecto a sus líderes era que ellos no estaban proporcionándoles suficiente apoyo, ni orientación sobre cómo cerrar negocios.

"Es culpa de ellos", dijeron quejándose.

"¿De verdad? ¿Nadie en esta empresa quiere aceptar alguna responsabilidad? Aparentemente, no".

No importa dónde te sientes, ni qué lugar ocupes al interior de cualquier organización, culpar a los demás siempre es una mala idea, no simplemente porque aliena a la gente, ni porque es un acto que denota pereza, ni porque te quita respeto. Hay una razón más profunda, que no solo causará problemas a corto plazo, sino que destruirá la oportunidad de tu organización para crecer a largo plazo:

Culpar a otras personas y a circunstancias externas te impide aprender e impide que tu empresa crezca.

Comienza de inmediato a tomar más responsabilidad cambiando tu conversación contigo mismo y las preguntas que te haces. Considera las siguientes alternativas a algunas excusas típicas:

- **"Mis clientes no tenían el dinero".** En su lugar, piensa en dónde podrías haber mejorado. Por ejemplo: "No supe mostrarles lo conveniente del negocio. ¿Encontré un problema? ¿Fue lo suficientemente grande?

- **"Son indecisos".** Tal vez, pero ¿qué podrías haber hecho de otra manera? "No logré la suficiente buena conexión. ¿Qué más podría haber hecho para crear confianza?"

- **"Alguien les propuso un mejor trato".** En lugar de culpar a tus competidores, mantén tu enfoque en tu propuesta. "No diferencié nuestra oferta. ¿Cuáles son las declaraciones de poder que podría haber utilizado para haber hecho más notoria mi oferta?"

A pesar de años de entrenamiento, para asumir la responsabilidad, todavía me hallo a mí misma haciéndome preguntas acusatorias como: "¿Quién tomó las llaves de mi coche?" O "¿Quién dejó la leche afuera?" Mi mecanismo de respuesta predeterminado es a menudo el culpable. A veces, pienso que es por eso que busco el consejo de tanta gente cuando estoy pasando por tiempos difíciles. De esa manera, si el consejo no funciona, puedo desentenderme de mi responsabilidad. No estoy orgullosa de esto, pero soy, ciertamente, consciente de ello.

La verdad es que es más fácil culpar que aceptar críticas. He aquí cómo atraparte a ti mismo en el acto. Si alguien te pregunta por qué algo salió mal, ¿empiezas una oración con las palabras "él", "ella" o "ellos"? El uso mismo de esas palabras sugiere que alguien más, en algún otro lugar, está en control. ¡Los dioses de las ventas deben estar en tu contra!

Tan pronto como digas "yo", habrás tomado de nuevo el control de tus fracasos y tus éxitos.

Curiosidad

Hace años, el gerente de un conglomerado europeo me pidió que le ayudara a un nuevo vendedor que todavía estaba teniendo dificultades en el desempeño de su labor. Lo llamaremos Buzzcut Bruce. Ahora, Bruce era nuevo en las ventas. Resulta que sobresalió como investigador privado en Louisiana, pero después de haberse mudado a Colorado decidió que se daría a sí mismo la oportunidad en el campo de las ventas fraccionarias de bienes raíces.

Siempre que entreno a un nuevo vendedor, me centro en las preguntas de descubrimiento que ellos les hacen a sus clientes. Bruce hizo las preguntas correctas, pero su interrogatorio se deterioró rápidamente y se convirtió en una serie de preguntas vagas. Esa no es una buena idea. He aquí un ejemplo:

—"Así que Charlotte, acabas de mencionar tus últimas vacaciones en Montana" —le preguntó Bruce. "¿Tú y Brad siempre salen de vacaciones en el verano?".

—"Sí" —respondió su prospecto. "Eso es cuando los niños ya han terminado el año escolar".

—"¿Y en qué mes viajan?".

—"Por lo general, en agosto. Hace mucho calor en Texas, así que nos gusta dirigirnos hacia el norte". Pausa dolorosa…

—"Hmmmm… Pero dijiste que la Navidad es cuando tomas las pausas más frecuentes. ¿Por fin cuándo es que descansas?

¡Mala cosa!

No se sabía si él estaba tratando de obtener una firma en un contrato o una confesión. Ahora, este es un ejemplo extremo de lo que no se debe hacer. No todos los vendedores novatos van a acribillar a sus prospectos tan dura e inadecuadamente como el anterior. Pero mi punto es este: a menos que los vendedores manifiesten una verdadera curiosidad, el proceso de descubrimiento podría dar la impresión de *parecer* un interrogatorio a los clientes.

He visto miles de vendedores pasar por la experiencia de hacer las preguntas correctas, solo para terminar molestando a sus clientes a lo largo del proceso. ¿Por qué? Porque no hay en ellos curiosidad genuina. Cuando surgen objeciones, en lugar de hacer preguntas que hagan sentir a gusto al cliente y crear así una conexión, van a la defensiva. No es suficiente con hacer preguntas. ¡Tienes que enfocarte en escuchar a tu interlocutor y en prestar atención a las respuestas!

Como enfoque alternativo, me encanta la cita del libro *Just Listen,* de Mark Goulston, y se la repito a mi hijo con frecuencia: "Muéstrate más interesado que interesante"[6]. Cuanto más escuchas, más inteligente creerá la gente que eres. ¿Por qué empezar a hablar a destiempo y dañar la impresión positiva que tienen los demás sobre ti?

Los cinco atributos de la gente curiosa

Veamos algunos de los hábitos de los vendedores verdaderamente curiosos:

- Hacen preguntas que les ayuden a entender mejor a sus clientes, —y no solo aquellas que les permitan sustentar su punto de vista.

- Hacen su tarea antes de encontrarse con un prospecto. ¿Quién es esta persona? ¿Cuánto tiempo lleva vinculado a su compañía? (Lo que no hacen es prejuzgar).

- Indagan a fondo para averiguar lo que de verdad les importa a sus clientes desde el fondo de su corazón.

- Quieren conocer el mundo interior de sus clientes y descubrir cómo este afecta su mundo externo.

- En lugar de reaccionar con negativismo, buscan entender por qué su cliente podría estar postergando la decisión de compra.

Los neurocientíficos curiosos están estudiando el cerebro para descubrir el impacto neurológico de, lo adivinaste, la curiosidad. Algunos de los hallazgos más recientes apoyan una teoría desarrollada por George Loewenstein, de Carnegie-Mellon, conocida como la "brecha de información".

"Según Loewenstein, la curiosidad es más bien simple", escribe Jonah Lehrer en *Wired*. "Se genera cuando sentimos una brecha entre lo que sabemos y lo que queremos saber". Esta brecha tiene consecuencias emocionales: se siente como una picazón mental, una picadura de mosquito en el cerebro. Buscamos nuevos conocimientos porque así es como saciamos esa picazón"[7].

Entonces, ¿qué tiene que ver todo esto con el aumento de tus ingresos? Parece ser que mucho.

Un Ferrari engañoso

La primera pelea seria entre mi esposo y yo ocurrió en una cafetería. No recuerdo con exactitud lo que estábamos comiendo o qué hora del día era —solo que aquel lugar estaba lejos de ser agradable y que había dos grupos de estudiantes universitarios sentados bastante cerca de nosotros. También recuerdo a mi esposo diciéndome: "Tú eres un Ferrari engañoso".

¿Qué demonios significaba eso? No estaba segura, pero yo intuía que ese no era un cumplido.

"Eres muy inteligente", continuó diciéndome, "pero no sabes nada del mundo. No lees. Ni siquiera sabes quién fue Nelson Mandela, ¡por el amor de Dios!

Yo había dicho que era el centrocampista central de los Yankees. ¡Todo el mundo sabe eso!

Bueno, nadie es *tan* tonto. Le aseguré que sí lo sabía y que me había olvidado, —respuesta típica en mí. Pero, por supuesto que no me funcionó esa vez.

"Dirijo una empresa", argumenté. "Estoy aprendiendo sobre el mercadeo en los medios sociales y también sobre liderazgo". Justifiqué mi falta de amplitud ocultándome detrás de la "Teoría del Aprendizaje" —una idea que había oído que se reduce a que "antes de que ingrese a nuestra mente nueva información, tiene que salir información caduca". Me sentía bastante orgullosa de mí misma cuando le expliqué que tenía *tanto* nuevo conocimiento que ya casi no había suficiente lugar en mi cabeza para el conocimiento viejo.

No me creyó.

"Quiero hablar con mi esposa acerca de algo que sea diferente a las ventas".

La verdad es que él tenía razón. Y en vez de discutirle, esa vez decidí escucharlo, así que me di a la tarea de leer los periódicos, sobre todo, *The New Yorker;* compré libros de ficción y no ficción; decidí prestarle atención a la política; he leído sobre la evolución económica en los Estados Unidos y en el extranjero; me empapé sobre los conflictos en otros países. Todo eso me permitió construir una relación con un mayor número de personas e interactuar con clientes de alta gama.

También me enteré de que Nelson Mandela no jugó como centrocampista.

¡Era un campocorto!

A medida que mi mundo crecía, crecieron mis relaciones, mi autoestima y mi negocio. Hoy, no quiero imaginar cómo sería mi vida sin leer columnas de opinión y ficción clásica, sin escuchar las conversaciones de TED y sin frecuentar el mundo entero de información actual que está a mi disposición. Entendí que ser curiosa respecto a las complejidades del mundo en que vivimos es una parte esencial de ser una ciudadana comprometida y una persona interesante. En estos tiempos, es más importante que nunca que los vendedores estén sintonizados con lo que está pasando en el mundo.

Cuando comencé mi carrera a principios de la década de 1980, el vendedor era el único canal que tenía el cliente cuando se trataba de obtener información sobre un producto. El cliente me creía o no me creía. Oh, claro, hace unas décadas, la gente podía preguntarles a sus familiares si alguna vez habían usado nuestros productos, pero yo, como vendedora, era la encargada de construir o destruir la confianza entre el cliente y yo.

Por el contrario, los clientes de hoy en día tienen innumerables formas de acceder a la información que necesitan sobre el producto que están buscando. Ya no deben confiar en las explicaciones o materiales impresos del vendedor. Ahora, llevan a cabo sus propias investigaciones, ven demostraciones en video, recorren centenares de críticas y comentarios de Yelp —y encuentran todo lo que se les ocurra buscar.

Como resultado, los vendedores actuales tienen que ser mucho más que simples anunciantes de ventas.

En estos tiempos, tú debes estar, por lo menos, tan preparado como tu cliente. El conocimiento es necesario para que haya credibilidad —y no estoy hablando solo de saber acerca de tus productos y de los de tus competidores. Tú necesitas estar actualizado en cuanto las noticias del día y saber cómo estas podrían ayudarte a moldear los estados de ánimo y las emociones de tus clientes. Debes entender las tendencias económicas y cómo están afectando la confianza de la gente con respecto al hecho de hacer compras importantes.

Mi buen amigo Eric White emplea a 400 vendedores en su negocio en México y les sugiere a todos y cada uno de ellos que lean periódicos como *Wall Street Journal* o *The New York Times*. "¿Cómo podemos pedirles a nuestros clientes estadounidenses que paguen $25.000 a $750.000 dólares por nuestros productos?", dice, "si no entendemos su política, ni su negocio, ni su economía"[8].

¡Imposible discutir con ese punto de vista!

Llévalo a la acción

Amplía tu curiosidad

Si estás interesado en ampliar tu curiosidad, hazte las siguientes preguntas:

- ¿Leo las noticias y tengo contacto diario con material desafiante o de no ficción? (¡El simple hecho de ver la televisión no cuenta!).

- ¿Sé tanto sobre mi producto o servicio como mi cliente más educado?

- ¿Tomo cursos en línea, participo en grupos de discusión y comparto contenido valioso con otras personas?

- ¿Aprendo nuevas tecnologías? Cuando no puedo entender algo, ¿me alejo de eso o pido ayuda hasta entenderlo?

- ¿Me rodeo de gente que tenga diferentes opiniones a las mías?

Si la respuesta a cualquiera de esas preguntas es "no", el trabajo que tienes que hacer es evidente. Pero dudo en llamarlo "trabajo". Muchos de nosotros asociamos el aprendizaje sobre el mundo con pasar pruebas de conocimiento pasajeras (o con perderlas). Lo bueno de continuar nuestra educación como adultos es que tenemos la libertad de elegir qué estudiar.

No tienes que saberlo todo, sin embargo, saber lo que te interesa, lo que te fascina, lo que te mantiene comprometido —y lo que les interesa, les fascina y atrae a tus clientes— sí es un buen punto de partida.

Maestría

Hace unos años, la pianista portuguesa Maria João Pires llegó al Royal Concertgebouw de Amsterdam, lista para tocar un concierto de Mozart.

Pero en cuanto empezó la música, apareció una mirada de horror en el rostro de la aclamada intérprete.

"Ella se sorprendió porque esperaba que tocáramos otro concierto", comentó en un video que se volvió viral hace unos años el Director de Orquesta, Riccardo Chailly. "Se sobresaltó y entró en pánico como si le hubieran aplicado una descarga eléctrica"[9].

¿Te imaginas cómo debió sentirse? Allí estaba ella en el escenario, frente a una audiencia enorme y se había preparado para tocar la pieza equivocada.

Pero, después de darse cuenta de su error, ocurrió algo asombroso. Pires fue capaz de tocar la pieza para la cual no se había preparado; la tocó completamente de memoria. El público nunca supo la diferencia. Tampoco la orquesta.

Maestría inconsciente

Ejercer maestría es tener la capacidad de dar un paso más allá de ser simplemente grande. La maestría significa que tú estás tan realizado como María João Pires, que puedes realizar tu oficio sin pensar en los detalles mientras lo haces, incluso en condiciones difíciles o adversas.

¿Qué te permite este nivel de maestría? Dominar todo lo que es crucial para un vendedor de alto desempeño. Debido a que no estás limitado a pensar qué decir a continuación, o cómo responder a una preocupación con precisión, tienes la libertad de:

* Escuchar con tu corazón.

* Identificar la emoción que yace detrás de las palabras.

* Pivotear cuando el cliente te lanza una pelota curva.

* Cambiar tu estrategia cuando ocurre un evento inesperado (preparaste la presentación de diapositivas equivocada, asiste solo uno de los encargados de la toma de decisiones, la economía global se derrumba, te rompes un talón).

* Enseñarles a otros.

Aunque el tiempo y la práctica son obviamente clave para convertirte en un maestro, he descubierto que hay algunas maneras de impulsar tu búsqueda de la grandeza:

* Buscar retroalimentación.

* Renunciar a tu ego.

* Repetir.

Estos pasos no son algo que haces una vez y luego los olvidas. El dominio es un proceso continuo de asumir nuevos desafíos siendo lo suficientemente humilde para aprender de tus errores y persistir.

La retroalimentación te ayudará a potenciar tu rendimiento

Solía trabajar con un vendedor al que llamaré Barry. (Este no es su verdadero nombre, ya que su verdadero nombre era Sam). Barry se presentó a una entrevista con el jefe llevando consigo sus trofeos y placas de honor en su maleta. Los puso sobre su escritorio antes de que comenzara la reunión. Barry era un presentador experimentado, pero no estaba interesado en mejorar.

Él mismo era su peor enemigo. Cuando sus ventas bajaban, sus excusas subían. Pasó más tiempo defendiendo su falta de ventas del que le habría tomado aprender más sobre su producto y mercado. Cuando le ofrecieron entrenamiento, Barry señaló sus premios y dijo que él no necesitaba ninguno. Pronto, los trofeos de Barry fueron una reliquia de una década que había pasado hacía mucho tiempo. Como dice la expresión, nada retrocede tanto como el éxito.

Cuando alguien no acepta comentarios valiosos, esa persona no crece. Eventualmente, las quejas de Barry con respecto a todo, desde las chuletas de cordero que comió la noche anterior hasta la falta de entrenamiento de la compañía, destruyeron sus relaciones y su oportunidad de crecer. (¿Alguna vez has notado que es el 25% de los vendedores de alto rendimiento el que compra ayudas de ventas, tales como libros y programas de aprendizaje en línea? Tal vez, dirás: "Bueno, es porque pueden comprarlos". Pues te diré de primera mano que es todo lo contrario: ellos pueden permitirse el lujo de financiar su educación continua porque han estado invirtiendo en su formación desde el primer día).

Aprender no es algo que haces solo con libros, CD o programas en línea. Trabajar con mentores también es fundamental para alcanzar niveles más altos de desempeño. Tu cerebro necesita saber qué está funcionando y qué no para así mejorar. El entrenamiento en línea es genial —yo ofrezco una tonelada de ellos—, pero eso no es suficiente. Tú necesita retroalimentación de otro ser humano, así sabrás específicamente dónde y qué necesitas mejorar. La retroalimentación es tan difícil de dar como de recibir, pero es una parte esencial del aprendizaje. Yo recomiendo encontrar un mentor, como yo lo hice, que sea competente, confiable y motivado para ayudarte en tu crecimiento y proporcionarte retroalimentación en tiempo real.

Si eres esquiador, escritor o padre de familia, hay investigaciones que muestran que la retroalimentación positiva, inmediata y constructiva te ayudará a entender lo que estás haciendo bien y lo que está haciendo mal para que puedas practicar, repetir y dominar tu desempeño hasta obtener el más alto resultado. De lo contrario, solo estarás afianzando malos hábitos en lo más profundo de tu cerebro hasta que terminarás haciendo un pésimo trabajo ¡sin siquiera tener que pensarlo!

Llévalo a la acción

Conviértete en un maestro para recibir comentarios

♦ Asegúrate de que la persona que te está dando retroalimentación entiende lo que tú estás tratando de lograr. Piensa en la cita icónica de la novela de Harper Lee, *To Kill a Mockingbird:* "Nunca entiendes a una persona hasta que consideras las cosas desde su punto de vista, hasta que te metes dentro de su piel y caminas por su interior"[10]. No asumas que la persona que te da retroalimentación sabrá automáticamente lo que quieres lograr. Si le permites conocer un poco acerca de tus metas, le ayudarás a asegurarse de que obtengas la retroalimentación adecuada.

♦ Busca a alguien que sepa darte una retroalimentación constructiva. Esto es duro. A nadie le gusta que le digan lo que hizo mal. La persona que ofrece retroalimentación debe ser sabia para decirte primero lo que hiciste bien. Al escuchar primero lo positivo, nuestro cerebro será más receptivo a las áreas en las que necesitamos mejorar. De hecho, un estudio de *Harvard Business Review* confirma que los individuos que reciben, por lo menos, un promedio de 6 a 1 de retroalimentación positiva-negativa superan de forma significativa a los que reciben más críticas[11]. En resumen, encuentra un mentor que te diga con sutileza cómo mejorar y que esté dispuesto a reconocer tus fortalezas.

- Concéntrate en máximo tres cosas a la vez. El cerebro no puede recordar 36 cosas nuevas para incorporarlas en una presentación de ventas. En el golf, hay una expresión llamada "pensamiento de swing". La idea es que, cuando estás a punto de hacer una jugada importante, no tienes tiempo para recordar 12 cosas diferentes. Por lo tanto, un buen entrenador de swing ofrecerá una sola cosa para recordar, y esa pieza clave de guía detonará todas las otras cosas que sabes hacer. Lo mismo ocurre en las ventas.

- La retroalimentación debe ser específica. En los seminarios que he enseñado alrededor del mundo, siempre escucho a un sinnúmero de vendedores proclamar que quieren tener más éxito. ¿Qué significa eso? Evidentemente, significa cosas diferentes para diferentes personas. Para algunos, el éxito podría ser ganar $25.000 dólares por mes y comprarse un nuevo BMW. Para otros, significa obtener una promoción, tener tiempo para hacer trabajo de caridad o pasar más tiempo con la familia. Una vez más, ser claro acerca de lo que estás tratando de lograr te ayudará a obtener la retroalimentación específica que necesitas.

¿A qué estás dispuesto a renunciar?

Aunque el consejo que he dado en este capítulo parece simple y claro, eso no significa que sea fácil. Aceptar la responsabilidad, aprender de nuestros fracasos, pedir críticas constructivas, nada de esto es fácil.

Para muchos de nosotros, la tendencia a culpar a todos menos a nosotros mismos es muy fuerte. Cuando somos niños, aprendemos que si logramos quitar la culpa de nosotros mismos, también podemos evitar el castigo y escapar de la ira de nuestros padres. A menos que tengamos la suerte de haber aprendido sobre el valor de la crítica constructiva y la autoevaluación honesta, muchos seguimos teniendo este comportamiento durante la edad adulta.

Quiero compartir una última historia sobre cómo mi mentor Greg me ayudó a sentirme cómoda con este proceso a principios de mi carrera:

Un día, yo estaba con él en el balcón de nuestra oficina de ventas. Los árboles estaban llenos de heladas de la noche anterior y había muchos nubarrones.

"¿Cuál es tu propósito de Año Nuevo?", me preguntó Greg.

"Ganar $100.000 dólares. Voy a ser la #1 en la compañía y voy a comprarme un BMW blanco".

"¡Guau! ¿$100.000 dólares?", comentó. (Ten en cuenta que esto fue en 1987, lo cual significaría alrededor de medio millón de dólares de hoy). "Bueno, ¿cuánto hiciste el año pasado?"

"$33.000".

"¿Y el año anterior?"

"$ 29.050".

Me miró y se rascó la cabeza. "Déjeme aclarar esto", dijo. "Solo porque estás con una compañía diferente, vendiendo un producto diferente, ¿crees que de un momento a otro vas a triplicar tus ingresos?"

De repente, no estaba tan segura de mí misma. "La cuestión es esta, Shari", prosiguió. "Para conseguir algo que nunca has tenido antes, tienes que sacrificarte y renunciar a algo. Entonces, ¿qué estás dispuesta a renunciar?"

Lo pensé por un momento. "No lo sé", respondí.

"Bueno, vete a casa y piensa en ello", me dijo.

No tardé mucho en encontrar una respuesta. Cada noche, a las 6:00 en punto sin falta, mis colegas y yo íbamos a Jackalope Bar a tomarnos un par de tragos. Éramos jóvenes y teníamos todas las respuestas, así que las discusiones giraban alrededor de lo bueno que todo sería si estuviéramos a cargo de nuestra propia empresa.

Entonces, comencé a darme cuenta de que toda nuestra charla no estaba consiguiendo que ninguno de nosotros estuviera más cerca de tener su compañía. Comprendí que, si realmente quería mejorar, yo necesitaba más entrenamiento.

Cuando le comuniqué a Greg mi plan de renunciar a las reuniones en Jackalope Bar para pasar noches sobrias en casa leyendo libros de Tom Hopkins, me dijo: "Genial. Eso es un comienzo. Eso te llevará a ganarte unos $45.000 dólares. ¿A qué más estás dispuesta a renunciar?"

Esa noche, pensé un poco más. Solo conocía dos maneras de ganar más dinero en ventas: más capacitación o más clientes.

Regresé a la oficina de Greg con mi plan.

"¡Excelente!", dijo. "Eso te llevará a unos $55.000. Pero hay una cosa más a la que tienes que renunciar si quieres tener éxito.

Yo ya no sabía si tenía algo más que dar, pero no iba a retroceder ahora, así que le pedí que me lo dijera.

"Bueno, te he observado durante un tiempo y va a ser duro para ti", aclaró. "No sé si tienes lo que se necesita para lograrlo".

¡Cómo se atreve a decirme eso!, pensé. Yo soy capaz de hacer cualquier cosa que me proponga. (De todos modos, eso es lo que mi madre siempre me decía).

Me miró y, al cabo de unos instantes, dijo: "Tienes que renunciar a tu ego".

Dejé que me dijera todo lo que tenía que decirme.

"Hay dos tipos de ego: ego bueno y ego malo", me explicó. "El ego bueno te da la capacidad de luchar por ser grande. Ese es el que te hace decir: 'Voy a ser la #1 en mi empresa y voy a comprar un BMW'".

"También está el ego malo", prosiguió. "Los vendedores que se dejan llevar por ese ego culpan a todo el mundo cuando las cosas no van bien, defienden su posición en lugar de aceptar la retroalimentación que reciben y prefieren la autocomplacencia al dominio propio".

Escuché todo lo que Greg me dijo aquel día y, para finales de 1994, había ganado $108.000 dólares y me compré un BMW nuevo y blanco.

Ojalá pudiera decirte que logré abandonar para siempre la parte malévola de mi ego, pero, de vez en cuando, asoma su horrible cabeza. De hecho, es uno de mis peores comportamientos predeterminados.

Lo que sí sé es que prestar atención y observar si mi ego está fuera de control es como cualquier otro aspecto de la ecuación de crecimiento. Es un proceso: el cual debemos repetir, practicar y, eventualmente, dominar. Las recompensas son infinitas.

CAPÍTULO 2

Las emociones impulsan la toma de decisiones

Verdad universal #2: el deseo de ser amados, de generar cercanía, de vernos bien, de sentirnos bien, de ser recordados, incluso el deseo de pertenecer, impulsa todas nuestras decisiones. Nuestra capacidad para descubrir los motivadores emocionales dominantes de nuestros clientes dictaminará nuestro éxito.

¿Salvar vidas o ahorrar dinero?

Tim nunca se imaginó perteneciendo al mundo de las ventas. Había obtenido su licencia de piloto de helicóptero en Nueva York, su licencia de piloto comercial en Michigan, y se había graduado de una escuela de enfermería en Seattle. Había llevado cientos de pacientes al año a las salas de urgencias vía helicóptero médico. Se sentía orgulloso de su trabajo salvando vidas.

Pero estaba frustrado: los competidores en el negocio de la evacuación estaban aplastando su negocio.

"¿Cómo convencer a los hospitales de que nuestro programa de evacuación aérea es mejor que el de la competencia?", me preguntó. "Somos los más baratos del mercado. De hecho, ¡cobramos un 38% menos!"

Tim estaba tan convencido del increíble servicio que ofrecía y, sin embargo, ofrecía sus servicios enfocándose únicamente en brindar los mejores precios.

Después de que me dijo esto, hice una pausa.

"¿Tienes hijos?", le pregunté.

"Sí", me respondió. "Mi hijo tiene 11 años".

"Imagínate que te entra una llamada telefónica en la que recibes una noticia terrible. Tu hijo ha sufrido un severo accidente y su vida está en peligro. En el momento en que recibes esa llamada de Ski Patrol, ¿te importa el precio que vas a pagar por el transporte de emergencia en helicóptero?"

"Absolutamente, no", respondió.

"¡Tampoco a tus clientes! A ellos les importa una sola cosa: salvar la vida de sus seres queridos. Te estás enfocando en brindar el beneficio equivocado. ¿Cuál es la verdadera métrica hospitalaria para juzgar a las compañías médicas de helicópteros?"

"La tasa de supervivencia", fue su respuesta.

"Perfecto", seguí diciendo. "Entonces, ¿cuál es la tasa de supervivencia de tu empresa en comparación con la de tu competencia?"

"Es un millón de veces mejor".

"¡De verdad!", exclamé. "¿Cómo? ¿En qué consiste esa diferencia que ustedes marcan?"

"Tenemos médicos mucho mejores", me aseguró. "Estamos más lejos, por eso tardamos un poco más en llegar a la escena de emergencia, pero la calidad de la atención que ofrecemos compensa de sobra la ligera diferencia en el tiempo de llegada".

Tim me contó una historia sobre un chico de escuela secundaria que se accidentó hace no mucho.

"El equipo de nuestra competencia se rompió, así que transferimos al chico a nuestro helicóptero. Tuvimos que resucitarlo tres veces durante el camino al hospital, pero llegó vivo. Lo devolvimos a su familia tres días después".

Y prosiguió: "Pasaron dos semanas. Una tarde, yo estaba sentado en un Starbucks cuando una mujer de mediana edad me reconoció y rompió a llorar. Ella me dijo: 'Tú… Tú salvaste la vida de Brandon'".

Después de unas pocas sesiones de entrenamiento, Tim cambió su presentación. En lugar de hablar sobre el precio, se centró en los beneficios emocionales de contratar su empresa.

No dudaba en hacerles a los clientes una pregunta muy directa: "¿Qué es más importante para ustedes en el momento de elegir un servicio: la velocidad de llegada al lugar de los hechos o el número de vidas salvadas?"

Hablé con Tim un mes después de nuestra sesión. Acababa de conseguir el mayor contrato desde que fundó su compañía. ¿Cómo? Simplemente, haciendo las preguntas correctas y contando experiencias como aquella en la que logró salvarle la vida al estudiante de secundaria.

Hacer visible lo invisible

Una vez que comprendes lo que impulsa a tus clientes, las ventas se convierten en un proceso mucho más fácil. El deseo de hacer la compra es el que genera la urgencia, no los precios, ni la presión para que el negocio se haga efectivo. Pero aquí está la parte difícil: *estos deseos a menudo se mantienen ocultos. Son subconscientes o invisibles.*

Tu trabajo como vendedor es hacer visible lo invisible.

El cerebro emocional

Hace unos años, el neurocientífico Antonio Damasio reveló un descubrimiento revolucionario.

Señaló que las personas con daño en la parte del cerebro que genera emociones no solo no tienen la capacidad de sentir emociones como el amor, los celos o el orgullo, sino que tampoco saben tomar decisiones[1]. Ni siquiera saben tomar decisiones insignificantes como elegir entre una hamburguesa y una ensalada de pollo.

La mente racional no puede tomar decisiones sin involucrar a la mente emocional.

Compramos por razones emocionales, y no solamente lógicas. Durante mis seminarios, les pido a los participantes que dibujen dos columnas. A la izquierda, anotan su última compra importante; por ejemplo, un automóvil, una casa, una pieza de joyería, etc. En la columna de la derecha deben escribir por qué creen que hicieron esas compras.

Al principio, las respuestas son previsiblemente simplistas. Por ejemplo, un joven me dijo en uno de mis seminarios que compró un maletín Louis Vuitton porque necesitaba en qué guardar sus papeles. Le pregunté por qué no había comprado una simple mochila si lo que necesitaba era algo para llevar sus cosas.

"¡Son más económicas!", le dije bromeando.

Después de unas cuantas bromas, al fin esbozó una sonrisa y admitió que viajaba con frecuencia. "Quiero que me traten con respeto", confesó. "Como si yo fuera alguien importante". A continuación, un hombre llamado Mario afirmó que compró el restaurante italiano de su padre por aprovechar el potencial de esa inversión. Después de varias preguntas más, se refirió a su profunda necesidad de impresionar a su padre, quien nunca creyó en él. Mario quería demostrarle que él estaba equivocado.

Todos tomamos estas decisiones emocionales bien sea que nos demos cuenta de ello o no. No culpo a estos hombres por creer que estaban dándole mayor importancia a la lógica que a la emoción. Después de todo, yo misma no le cuento a la mayoría de la gente por qué razón redecoré mi casa hace 15 años.

"Hubo una gran venta en Elegante Furnishings", les dije a mis amigos cuando me preguntaron sobre semejante cambio.

Pero, en realidad, solo mi mejor amiga Colleen y la vendedora de Elegante supieron la verdadera razón por la que yo invertí una gran cantidad de dinero en pisos de madera, un sofá abollonado y arte de última tendencia.

Había entrado en Elegante con el corazón destrozado, sintiéndome agraviada y sola. Todo lo que quería era una vela de picea de larga quema para librar mi casa del olor del divorcio. Si hubiera encontrado una por mi propia cuenta, nunca habría hablado con ningún vendedor, así que solicité ayuda y me atendió Torrey, una vendedora estrella. Mediante el simple hecho de hacerme las preguntas adecuadas —escuchándome, y quiero hacer énfasis en el hecho de que me *escuchó con especial atención*—, ella supo descubrir mi verdadera razón para querer aquella vela.

Los vendedores creemos que, cuando se trata de comprar, somos muy rudos con nuestros colegas, pero en realidad, también caemos en las manos de un buen profesional en este campo. Una hora más tarde, Torrey me había ayudado a rediseñar mi casa —y, lo que es más importante, a recrear mi vida. Si Torrey se hubiera limitado a preguntarme qué *quería* ese día, se habría ganado una comisión sobre una vela de $20 dólares. En lugar de eso, ella supo descubrir mi motivación básica para comprar —y me vendió $40.000 dólares en muebles. (¡Ella sí que encendió la vela!).

Antes de entrar de lleno en este capítulo, quiero tomar un momento para ofrecer alguna claridad en cuanto a ciertas definiciones. Utilizaré las expresiones "motivadores básicos", "motivadores de tercer nivel", "motivadores emocionales" y "motivos de compra dominantes" de forma intercambiable. Un artículo reciente de *Harvard Business Review (HBR)* las llamó "motivadores de alto impacto"[2]. Sin embargo, todas significan lo mismo: son las razones emocionales más profundas que, después de todo, llevan a una persona a tomar una decisión. (Más adelante, me referiré a esta idea como EQMBY, lo que significa que el cliente necesita saber: "¿En qué me beneficio yo?").

¿Cómo puedes, al igual que Torrey, llegar al fondo de los motivadores básicos de tus clientes?

Cómo dominar los siete motivadores básicos

Los seres humanos tenemos más similitudes que diferencias. Todos anhelamos una conexión más profunda. Todos queremos más tiempo y menos estrés. Todos deseamos salud y bienestar, libertad, aventura, sentirnos revitalizados y mejorar, pero sobre todo, anhelamos encontrarle significado a la vida —tener *un sentido de propósito*.

Cuando las empresas se conectan con los motivadores emocionales profundos de sus clientes, las recompensas suelen ser enormes. En el artículo de *HBR* al que me referí antes, los autores mencionaron el éxito de una campaña de tarjetas de crédito diseñada para conectarse emocionalmente con la Generación de *Millennials*. Después de que un conocido banco elaborara mensajes relacionados con los deseos emocionales de esta generación, observó que el mercado creció un 70%.

Eso es *70%*, con un cero después de un siete. El banco no cambió el producto. Solo se basó en el tipo de emociones que conectaba a estos compradores *con* el producto.

La cadena de comida Chipotle Grill fundó una de las más famosas campañas publicitarias de la Historia actual basada en emociones, —campaña que generó 6.5 millones de suscriptores en YouTube en menos de dos semanas[3]. El anuncio llegó al corazón de los consumidores aumentando la conciencia de los clientes sobre el confinamiento de los animales, el crecimiento producido por las hormonas y el uso de los plaguicidas tóxicos. Esto demuestra que, incluso el temor hacia emociones negativas y dolorosas genera ventas. (Esto fue antes de la prensa negativa que surgió en 2015 sobre enfermedades transmitidas por los alimentos).

Los anunciantes impulsan nuestras decisiones de compra al vincular tiendas de cocina de alta gama con elegancia; lencería con sexo; velas con la sensación de paz y armonía, etc. Nadie es inmune. La semana pasada, pagué el doble del precio por una botella de Smart Water en lugar de comprar agua de una marca genérica que me mantuviera hidratada durante una reunión de negocios a la que me dirigía. (Siempre me pregunto: si esa agua es tan inteligente, ¿por qué no evita que la gente se embriague?)

Todo esto te hace preguntarte: ¿hacemos compras sin emoción? Hace varios años, me encontré sentada al lado del vicepresidente de ventas de una de las principales empresas de neumáticos en América. Después de explicarle de lo que se trataba mi trabajo, le dije: "Supongo que es un poco difícil incluir las emociones en la venta de neumáticos".

"¿Estás bromeando?", respondió riendo. "¿No has visto los anuncios de los bebés?" Entonces me acordé de los famosos anuncios publicitarios de Michelin en la década de 1980: "*¡Porque todo esto les pasa a tus neumáticos!*" Me di cuenta de que Michelin había comprado y pagado —décadas antes— un espacio en mi cerebro que decía: "Michelin es el neumático más seguro". ¡Vaya!

No hay duda de que tú y yo tomamos decisiones de compra basados en anhelos inconscientes y en motivaciones emocionales. La pregunta es: ¿cuáles son los motivadores más comunes? ¿Cuáles son los factores que nos hacen actuar, comprar y consumir?

Durante años, mi formación se ha centrado en destacar aquellos pocos motivadores emocionales fundamentales que los vendedores deben descubrir y vender. Una nueva investigación confirma lo que he estado diciendo. Con la ayuda de expertos y científicos sociales, los autores de *HBR* crearon un "léxico estándar de emociones" y, al hacerlo, nos dieron una lista de 300 motivadores emocionales que contribuyen a las decisiones de compra.

Aquí están los siete motivadores que parecen ser particularmente más poderosos:

1. **Seguridad:** dale una hojeada al periódico cualquier día de la semana y verás hasta qué punto los seres humanos nos movemos en busca de seguridad y lejos del peligro. El Departamento de Defensa de EE. UU. invierte más de $57 millones de dólares *por*

hora para mantener al pueblo estadounidense a salvo. La necesidad de autoprotección es un deseo que es atemporal y universal.

Nuestro cerebro está ensamblado para la autopreservación. Compramos seguros de vida, hacemos inversiones financieras, votamos y elegimos candidatos que nos garanticen un futuro cómodo. Preferimos abstenernos hoy —y hasta posponemos la gratificación inmediata— para asegurarnos un mañana más seguro.

Nuestro deseo de seguridad es un motivador común para productos como:

- Banca
- Bienes raíces
- Ciertos tipos de software
- Productos farmacéuticos y productos y servicios sanitarios

2. Aventura: invertimos en viajes de pesca con mosca, jeeps de cuatro ruedas y lo último en artefactos de lujo para crecer, jugar y experimentar cosas nuevas. Bebemos whisky sin mezclar, jugamos a las cartas, viajamos a Tahití, bailamos, montamos en montañas rusas y saltamos de los aviones (bueno, algunas personas lo hacen) para estimular nuestro deseo de aventura. Los placeres simples y complejos nos impulsan a hacer de todo, desde vagar en una tienda de galletas y comprar chips de chocolate extra hasta invertir en un barco pontón.

Nuestro deseo de aventura es un motivador común para productos como:

- Vacaciones
- Automóviles
- Moda
- Nuevas tecnologías

- Vinos finos
- Bebidas

3. Significado: Tony Robbins lo dice mejor en su TED Talk titulado "Por qué hacemos lo que hacemos". Él afirma: "Todos necesitamos sentirnos importantes, especiales, únicos. Lo conseguirás haciendo más dinero o siendo más espiritual. También lo conseguirás poniéndote a ti mismo en una situación en la que tú seas el que tiene más tatuajes y pendientes hasta en lugares que los demás seres humanos no queremos saber. Lo cierto es que harás lo que sea necesario para sentirte como quieres"[4].

La generación actual, arde en deseos por recibir la mayor cantidad de "me gusta" posible en su página de Facebook; por tener amigos, conexiones y fama. El *Millennial* promedio se mueve entre sus dispositivos, como teléfonos y computadoras portátiles, 25 veces cada hora no laboral (y es probable que aún más cuando se supone que está trabajando).

Hace unos meses, asistí a una sesión de entrenamiento donde escuché que es factible que Oprah Winfrey haya hecho más entrevistas que cualquier otra persona en el planeta, desde jefes de estado hasta estrellas de rock y presidentes. Bien sea que se trate de la Duquesa de York, Tom Cruise o Michael Jackson, al final del show, cuando las luces se apagan, estas celebridades internacionales le hicieron a Oprah la misma pregunta: "¿Cómo lo hice?"

Esto, simplemente, muestra que la fama no impide que la gente se sienta insegura. De hecho, nada lo impide porque la vida misma es insegura. El deseo de sentir que nuestra vida es significativa es un motivador común para adquirir productos como:

- Accesorios de marca
- Coches de lujo
- Membresías a clubes sociales
- Hoteles

* Muebles para el hogar
* Ropa deportiva

4. Relaciones: las relaciones le dan sentido a la que de otra manera sería una existencia solitaria y angustiada. Conectarnos entre unos y otros es la razón por la cual estamos en este mundo; esa es la forma en que logramos atravesar por momentos de angustia, muerte, nacimiento e inquietud. Los sentimientos de desconexión suelen tener origen en la vergüenza y el dolor. Las investigaciones muestran que las personas que cuentan con relaciones sólidas tienen sistemas inmunológicos más resistentes; se enferman con menos frecuencia y sanan más rápido —cuando logran sanar. Todo indica que somos más felices, más exitosos y más saludables cuando estamos rodeados por un sistema de apoyo social fuerte.

El deseo de conexión es un motivador común para productos como:

* Joyería
* Comida y alcohol
* Productos de belleza
* Cafeterías
* Viajes

5. Salud y bienestar: la salud en el mundo actual significa algo más que el simple hecho de no enfermarnos. Esta refleja nuestro profundo anhelo de sentirnos bien y lucir bien. La popularidad de los spas, las cremas revitalizantes, los suplementos y toda esa clase de productos y servicios tipo "yo me lo merezco" ha aumentado 50 veces en los últimos años. Estamos cansados, sobrecargados y repletos de cosas por hacer. Los productos de revitalización prometen un respiro mental, físico y emocional, ¡y apuesto a que los consumidores pagarán por ellos!

La conexión es un motivador común para productos tales como:

- Servicios de spa
- Suplementos
- Pérdida de peso
- Clases de yoga y meditación
- Clubes de salud

6. Éxito/Sentido de propósito: en *Mr. Holland's Opus Day,* Richard Dreyfuss interpreta el papel de un músico y compositor profesional que acepta un trabajo como profesor de música en una escuela secundaria con el fin de pasar tiempo con su nueva esposa. A lo largo de tres décadas, Holland forma estrechas relaciones con sus estudiantes y les sirve como mentor a cientos de ellos tanto en lo referente a la música como en la vida en general. Cuando la escuela decide cerrar el Departamento de Música a favor de los deportes y otros contenidos académicos, él llega a creer que sus estudiantes lo han olvidado, que su vida no tuvo propósito. En su último día como maestro, su esposa y su hijo lo llevan al auditorio de la escuela, donde cientos de sus antiguos alumnos, ahora adultos, se reunieron para celebrar su jubilación y los logros de su vida. Abrumado de emoción, Holland se da por fin cuenta de su obra maestra[5]. Esta historia me hace llorar cada vez que pienso en ella. Me recuerda la importancia de definir nuestro propósito de vida. Nuestros objetivos cotidianos no son más que lo que, verdaderamente, le da sentido de propósito a todo aquello que arde dentro de nosotros. El deseo de un sentido de propósito es un motivador común para los productos que:

- Dejan un legado
- Ofrecen la oportunidad de retribuir
- Tiene un potencial de inversión

7. Crecimiento y educación: la ciencia confirma que los seres humanos buscamos el orden y la razón de una manera innata; queremos explicaciones sobre cómo funcionan los objetos, las personas y los procesos. Sin embargo, hay otras razones por las cuales buscamos conocimiento. Tenemos curiosidad. Queremos transmitir lo que hemos aprendido a nuestras próximas generaciones con la esperanza de que no repitan nuestras decisiones necias. Pero es más que eso. El conocimiento nos hace más interesantes. ¡Ser inteligente es sexy! Saber nos hace más capaces de atraer a una pareja, más propensos a sobresalir en los negocios y a contribuir al éxito de la comunidad; todos estos son rasgos que la evolución ha ido imprimiendo en nosotros. El impulso hacia la educación es una parte de nuestro ADN, tal como lo es el color de nuestros ojos.

La necesidad de educación y crecimiento es un motivador común para productos como:

- Cursos y programas de capacitación avanzada
- Libros y videos educativos
- Servicios de *coaching* y tutoría

Cuando le preguntas a alguien de más de 21 años de edad: "¿Qué es lo más importante en tu vida?", lo más seguro es que escucharás algunas variaciones sobre esos siete deseos. El orden tal vez sea diferente, pero nuestras necesidades básicas son universales. A lo largo de nuestra vida, nuestros motivadores básicos cambiarán y se modificarán; pero, según mi experiencia, encontraremos ciertos motivadores que, en algún momento, volveremos a retomar.

Errores que nos impiden descubrir los motivadores básicos de nuestros clientes

Incluso los vendedores más experimentados cometemos errores que nos impiden descubrir cuáles son los verdaderos motivadores emocionales de nuestros clientes. Los siguientes son los pasos equivocados más frecuentes que nos impiden cavar más profundo.

1. Ofrecemos información irrelevante

Cuando los vendedores no descubren los motivadores básicos de sus clientes, se arriesgan a ofrecerles información general e irrelevante. A esta interacción le llamo "acercamiento de escopeta": disparamos característica tras característica esperando que una de ellas logre el objetivo que buscamos.

Las investigaciones sugieren que, si le das a alguien demasiadas opciones, lo más probable es que esa persona dejará de prestarte atención. Nuestros cerebros están configurados para tomar un cierto número de decisiones por día y, una vez que llegamos a ese límite, —a nuestro "punto de saturación"—, no podemos hacer más, independientemente de lo importante que sea. (El ex Presidente Obama es reconocido por decir que él toma sus decisiones más importantes durante la mañana, mientras está todavía fresco). Es crucial que los vendedores mantengan sus presentaciones simples y al punto, de tal manera que conserven la atención de sus clientes.

2. No logramos demostrar un valor accionable

Para activar una decisión de compra necesitamos construir el valor que queremos ofrecerle al cliente de acuerdo a sus necesidades. La mayoría de los vendedores falla porque ofrece soluciones de $200.000 a problemas de $25.000.

Por ejemplo, Tanya vende programas de capacitación para ejecutivos a compañías Fortune 500. Hace poco, ella se quejó conmigo de haber perdido un gran negocio y no sabía por qué razón. Su conversación con su prospecto fue algo así:

Prospecto: estamos buscando entrenamiento para nuestros gerentes.

Tanya: maravilloso. ¿Buscaste en nuestro sitio web? ¿Qué te interesa?

Prospecto: la inteligencia emocional. ¿Cuánto cuesta?

Tanya: ¿cuántas personas quieres que entrenemos?

Prospecto: nuestros 15 jefes de departamento.

Tanya: ¡perfecto! Te costará $5.000 dólares por cada uno —o $75.000 por el grupo completo.

Prospecto: ¡oh!, esa cifra está muy por encima de nuestro presupuesto.

Tanya: ¿cuál es tu presupuesto?

Prospecto: aproximadamente, $10.000 dólares.

Tanya: bueno, entonces envía a dos personas.

Prospecto: gracias, de todos modos.

Después de oír hablar a Tania sobre su venta perdida, le hice un pequeño entrenamiento: "Solo porque un cliente te llama y te dice que quieren comprar uno de tus productos, no significa que él ya esté listo para comprártelo a ti", le expliqué. "Es fácil descubrir los problemas de los clientes. Lo difícil es ayudárselos a ver tan preocupantes como para que ellos estén dispuestos a comprar la solución ya mismo".

Le hice a Tanya algunas sugerencias sobre qué hacer la próxima vez que se encuentre en una situación similar.

♦ Haz preguntas sobre por qué el cliente está interesado en tus programas.

♦ Descubre el costo potencial u otras implicaciones negativas si ves que tu posible cliente no avanza en el proceso de cierre.

> ◆ Hazle ver el costo emocional y/o financiero de no avanzar.

Entraré en más detalles sobre este proceso de descubrimiento de problemas en un capítulo posterior. Por ahora, como estamos hablando de emociones y ventas, esto fue lo que Tanya hizo durante una llamada de seguimiento.

Tanya: estoy haciéndole seguimiento a la conversación que sostuvimos el otro día. Me gustaría saber ¿por qué estabas interesado en entrenar a tu equipo?

Prospecto: bueno, hemos tenido una serie de luchas internas entre nuestros departamentos.

Tanya: eso no es bueno. Cuéntame un poco más al respecto.

Prospecto: los vendedores no confían en la administración —y la administración los está culpando a ellos por la falta de rendimiento. Hemos tenido una rotación masiva. Hemos perdido 6 gerentes y 14 vendedores este año.

Tanya: ¡vaya! ¿Cuánto te cuesta contratar a un vendedor? El promedio nacional es de unos $40.000 dólares.

Prospecto: eso es casi correcto. ¡Y cuesta más remplazar a los administradores! ¡Esto ha sido un desastre!

Tanya: nuestro Programa EQ contribuye a aumentar la facturación de las empresas en un 50%. En sí mismo, el programa podría ahorrarte más de $300.000 dólares el próximo año. ¡De ese modo, salvarías tu departamento!

Como resultado de esta llamada, 25 gerentes asistieron a la capacitación. ¿Por qué? Debido a que Tanya siguió un proceso de ventas, hizo preguntas más profundas y supo poner en perspectiva que el valor financiero y emocional de la compra superaría en mucho al precio.

3. Bajamos el precio en lugar de apelar a los motivadores básicos

¿Qué significaría para ti si duplicaras tus ingresos —teniendo el mismo número de clientes? Piensa en cómo te sentirías al invertir la misma cantidad de esfuerzo y ganar dos, tres o muchas veces más.

La semana pasada, visité a un cliente en Colorado y descubrí que su mejor vendedor, Brent, gana *más de cinco veces más* que lo que gana el vendedor de más bajo desempeño en su empresa hablando con el mismo número de clientes. Brent gana más de $500.000 al año y su colega (al menos su colega por ahora) gana menos de $80.000.

¿Qué marca esa diferencia? El hecho de que Brent sabe cómo crear valor emocional en lugar de ponerse a regatear sobre el precio. Él sabe cómo emplear sus armas cuando el cliente trata de negociar y nunca tiene miedo de crear tensión, ni de dejar que el cliente se vaya.

Si no vences el miedo a perder, nunca ganarás.

Negociar el precio funciona cuando se trata de pequeñas compras, pero resulta contraproducente si no se hace apropiadamente con artículos de mayor precio. ¿Por qué? Porque, cuando vendes artículos de mayor precio, es mejor aumentar el valor emocional en lugar de, o al menos antes de, bajar el precio.

Cada vez que viajo a México, los vendedores ambulantes tratan de venderme mantas de lana. "Señorita, ¿le gustaría una bonita manta? Para usted, solo $400 pesos. ¿No? ¿Qué tal en $300? Precio especial solo por hoy: ¡$20 pesos!"

En mi español quebradizo, les digo cortésmente que el precio no es el problema. Vivo en un lugar cuya temperatura es de 95 grados y hay 100% de humedad. ¿Qué tal un helado?

Ahora, por supuesto, muchos turistas lo único que quieren es un recordatorio barato de su viaje y los vendedores lo saben. Pero, cuando el precio se convierte en el único diferenciador, el camino de menor resistencia es bajar el precio, cambiar la oferta o agregar un montón de extras. En cambio, cuando vendemos usando motivadores básicos, vinculamos el valor a las emociones, *y cuando el valor emocional es lo suficientemente fuerte, las objeciones desaparecen.*

Si esos vendedores en Puerto Vallarta hubieran sabido hacerme las preguntas correctas, habrían descubierto que mi abuelo Joe me regaló una de esas mantas para mi dormitorio y se me perdió cuando me mudé. Si me hubieran preguntado si alguna vez he tenido una manta tan hermosa, o si hace frío donde vivo, se la hubiera comprado ¡por los $500 pesos!

Los vendedores suelen bajar su precio por temor o inseguridad, porque piensan que los clientes esperan que *ellos* lo hagan o porque son ellos los que no pueden costear lo que están vendiendo. Tú necesitas tener plena confianza en tu oferta y calcular un valor emocional que exceda bastante el precio.

4. Vendemos basados en motivadores secundarios en lugar de vincular nuestra oferta con el motivador central de nuestros clientes

El vendedor promedio sustenta su venta en motivadores secundarios como ahorrar dinero o "poseer un modelo mejor" del producto en cuestión. Los vendedores de alto rendimiento se centran en los motivadores emocionales principales del cliente y no tan solo en las características que definen sus productos.

Si tu propuesta de valor se centra en ahorrarle dinero a tu cliente, trata de centrarte en los beneficios emocionales que él recibirá de esos ahorros: enfatiza en el hecho de que podrá *hacer* muchas cosas con ese dinero. Mi hijastro Isaac vende paneles solares y ha incrementado las ganancias de su empresa en un

20%. Cuando le pregunté cómo supera la competencia, me respondió:

"Todos los demás vendedores les hablan a sus clientes del dinero que ahorrarán instalando los paneles. Yo paso un poco más de tiempo con ellos e indago un poco más a fondo.

Anoche, me enteré que la Sra. O'Neil estaba decidida a remodelar su cocina. Así que, no solo le dije que ahorraría $300 por mes, sino que le sugerí utilizar parte de esos ahorros mensuales para, por fin, actualizar su cocina con mesones de mármol y electrodomésticos de primera línea. Incluso, le recomendé un contratista. ¡Ella compró en el acto!".

5. No escuchamos

Demasiados vendedores están tan ocupados pensando en qué decir a continuación que nunca profundizan sobre lo que el cliente dice. Pierden la oportunidad de profundizar.

"Todos hemos estado tan ocupados transmitiendo nuestro mensaje", afirma Linda Clemons, oradora y entrenadora de ventas, "que no estamos sintonizados con el cliente. Por lo tanto, no recibimos la señal correcta, ni tenemos la estación correcta, ni hacemos conexión"[6].

A mitad de mi primer año en ventas, mi gerente regional, Tom Bennett, nos compartió la historia de Bill James, el mejor vendedor que él ha conocido. James les vendía a 18 de cada 20 clientes; no había manera de detenerlo. Todos nos sentamos a escuchar esa historia y a aprender sobre los detalles. "¿Cómo hace él?", queríamos saber. "¿De dónde sacó su técnica? ¿Qué les dice a los clientes?".

Tom respondió: "Él se limita a escuchar".

Mejor que una cantidad de datos importantes

Hoy en día, las empresas invierten en conseguir una enorme cantidad de datos y haciendo análisis con la esperanza de aprender sobre los motivadores emocionales de sus clientes.

Y aunque la mayoría de los vendedores no tiene acceso a un presupuesto multimillonario de publicidad, sí tiene acceso a algo mucho más poderoso: ellos están cara a cara o en el teléfono con su cliente. Tú tienes la capacidad de generar confianza, construir una relación, hacer preguntas y adaptar perfectamente tu presentación a tu cliente.

Piensa por un momento en cuál es la esencia —el eje mismo— de lo que estás promoviendo ahora mismo: ¿Qué necesidad emocional suplirá tu producto?

Si piensas con cuidado acerca de tu producto o servicio, lograrás ubicarte por encima de tus competidores.

Llévalo a la acción

No olvides lo que te motiva

Es importante saber por qué tus clientes toman decisiones de compra, pero hay otra parte muy importante en esta ecuación: entender por qué estás vendiendo. Solo cuando sabes por qué estás trabajando duro, seguirás trabajando cuando las cosas se pongan difíciles. Pregúntate:

* ¿Qué te motiva a hacer un cambio en lugar de permanecer cómodo y seguro?

* ¿Qué te impulsa a hacer lo que haces a diario?

* Si nadie te observaba, ¿harías lo que haces de todos modos? ¿Por qué sí o por qué no?

♦   ¿Qué o quién te impide tomar el teléfono, hacer las llamadas y superar el hecho de que te digan "no"? ¿Es un niño, un sueño, un amante?

Responder a estas preguntas te acercará un paso más a vender con el corazón. No necesitas compartir estas respuestas conmigo, ni con tu cónyuge, ni con ninguna otra persona. Nadie te está mirando. Tú eres el único que sabes qué es lo que te impulsa. Conocer cuáles son tus propias razones para hacer el trabajo que haces —sea el que sea— te pone en contacto con los mismos motivadores emocionales que impulsan a tus clientes. Así que da todo de ti. Responde desde tus entrañas. Conócete a ti mismo.

CAPÍTULO 3

La libertad está fundamentada en la estructura

Verdad universal #3: los pilotos se mueven en medio de listas de verificación prevuelo. Los practicantes de tiro libre desarrollan rituales que les ayuden a hacer el mismo buen tiro una y otra vez. Los panaderos se adhieren a las recetas que han sobrevivido al paso del tiempo. Entonces, ¿por qué debería ser diferente en las ventas? Los vendedores altamente exitosos tienen un proceso que siguen y al cual se ciñen una y otra vez. Parece contradictorio, pero la estructura da libertad para actuar con autenticidad y para generar una verdadera conexión.

Desarrolla una receta para el éxito

Hace unos meses conocí a una vendedora de hipotecas llamada Kendra. Me agradó de inmediato porque tiene entusiasmo y talento innato para las ventas; además, me enseñó cómo usar Instagram.

Hace tres años, ella era la estrella en su empresa. "¡Ir a trabajar todos los días era tan emocionante!", comentó. "¡Me sentía en la cima del mundo!".

Y de repente, todo cambió.

"No lograba mantener el equilibrio", continuó relatando. "Estaba trabajando muy duro. Llegué al punto en que las largas horas y la intensidad con que hacía mi trabajo terminaron por conducirme hacia una espiral descendente".

Frustrada, Kendra comenzó a sentirse bastante abrumada frente a todas las razones por las cuales sus prospectos no querían comprar: la economía iba en bajada, ella no sonaba muy convincente, las tarifas de su empresa no eran lo suficientemente competitivas; mejor dicho, pasaba de todo un poco. En busca de pastizales más verdes, Kendra aceptó una oferta de un competidor y luego otra, hasta que, eventualmente, abandonó el negocio hipotecario por completo.

Después de que me contó todo eso, le pedí que me hiciera su presentación. Fue impresionante. Su capacidad para crear conexión con sus prospectos, para descubrir lo que más les importaba a ellos, y su forma de superar las objeciones, todas eras habilidades que fluían en ella.

Sin embargo, cuando le pregunté *por qué* decía todo lo que decía, no logró articular una respuesta coherente.

"Porque parecía correcto decir esas cosas", —fue su mejor explicación.

Como muchos vendedores, Kendra nunca había planeado su presentación por escrito. Nunca había definido los pasos de su proceso de ventas. Nunca se había detenido a pensar en *por qué* compraron sus prospectos o *por qué* no. En otras palabras, ella no tenía una receta para el éxito. Nunca supo si dejaba de lado un ingrediente clave o si había añadido alguno que no necesitaba.

Debido a que carecía de un proceso, le faltaba consistencia. Como le faltaba consistencia, carecía de confianza en su labor. Y por esa falta de confianza, sentía que su trabajo y su vida estaban fuera de control.

¿Te suena familiar?

He conocido a cientos de vendedores y líderes de ventas como Kendra. La falta de un proceso es un obstáculo común para llegar a adquirir maestría en las ventas.

Como profesional en este campo, tú necesitas un proceso que te ayude a mantenerte en el camino, que te enseñe a escuchar y así conectarte con tus prospectos. Si manejas un equipo de trabajo, o esperas hacerlo un día, necesitas saber lo que estás haciendo bien para que puedas repetir tu proceso una y otra vez hasta dominarlo y luego, saber cómo enseñárselo a otros. La buena noticia es que, aunque la falta de proceso es un problema común, se resuelve fácilmente.

Sistematiza todos los "pasos básicos"

Todos los profesionales necesitan algún tipo de estructura que les sirva de base para hacer bien su trabajo. Sin procesos, los aviones chocarían en el aire; los jugadores de baloncesto no sabrían como lanzar el balón al aire y solo harían tiros errados; y los cirujanos permitirían que sus emociones e impulsos les hicieran perder el control de la situación en la sala de operaciones.

Entonces, ¿por qué debería ser diferente en las ventas? Los vendedores de alto rendimiento conocen uno a uno todos los pasos que deben dar para cerrar una venta; ellos tienen estructuras, sistemas y rituales. Fuera de eso, entienden la sicología detrás de todos esos pasos básicos para que, si se salen de la pista o caen en un momento de depresión, sepan cómo salir de ahí. Rápido.

Quizá suene aburridor. Tal vez digas: "¡Qué fastidio, hacer eso suena monótono! Yo entré en el mundo de las ventas para tener más libertad que mis amigos vinculados al campo de las finanzas. Necesito espontaneidad, no rigidez".

En primer lugar, serás mucho más espontáneo en cada aspecto de tu vida cuando estés llegando a casa con unos cuantos billetes contantes y sonantes. ¡Créeme!

Sin embargo, a lo mejor te estés preguntando qué tiene que ver la estructura con el hecho de hacer ventas con el corazón.

No confundas estructura con rigidez o falta de sinceridad. Irónicamente, la sistematización de los "deberes" básicos de nuestras presentaciones es precisamente el elemento a favor que nos da la libertad de ser espontáneos, divertidos y auténticos.

"Vuela el avión"

Si no hubiera estructurado mi tiempo para escribir este libro durante siete horas cada día, nunca lo habría escrito. Habría sacado excusas como: "Hoy no me siento creativa", "Susan quiere salir a hacer una caminata", "Yo trabajo mejor bajo presión". Y como dice el refrán: "Cuanto más te quedas atrás, más material tienes para ponerte al día".

La estructura nos ahorra tener que hacer preguntas como: ¿debo prospectar esta mañana? ¿Debo saltarme el paso de construcción de la relación porque mi prospecto está de afán? ¿Qué preguntas de descubrimiento hago? Tener una estructura significa que tú dejas de preguntarte si tienes o no ganas de hacer tu trabajo hoy. Simplemente, lo haces.

Ahora, esta es la parte frívola: cuando sigue una hoja de ruta básica, con el tiempo se te convierte en tu segunda naturaleza. ¿Alguna vez has oído a alguien decir de un compañero de ventas, "¡Oh, él es tan natural!"? No hay tal cosa. Él solo practica tanto que sus habilidades parecen innatas. La gente que llega a la cima entiende esto.

Sin estructura, los vendedores son víctimas de sus emociones, de dramas y caprichos. Estás cansado de una gran noche de fiesta, así que dices: "Me saltaré ese paso de calentamiento solo por esta vez". ¡Peligro! Mi marido es piloto y tiene un dicho: "Vuela el avión". En otras palabras, vigila lo que está delante de ti. Tú necesitas hacer una lista de control, volar el avión y saber cuándo compensar la turbulencia para que puedas aterrizar el negocio sin problemas.

Sí, se requiere de tiempo y compromiso para llegar a tener una estructura que te funcione, pero el enfoque riguroso, la planificación y la repetición te garantizan que no te saltes ningún paso de tu presentación, o que tengas que hacerla al azar o, simplemente, improvisarla.

Es necesario que conozcas tu producto, los pasos a dar y tus métodos al derecho y al revés para que la mecánica haga que todo te salga sin esfuerzo y tu pasión sea contagiosa. Solo cuando estás bien familiarizado con los fundamentos de tu presentación, estás bien capacitado para no enfocar la totalidad de tu atención en ellos.

Como escribe Eric Greitans en *Resilience:* "En la Grecia Antigua, la repetición era una parte esperada e integral de la filosofía. Los griegos entendieron que para formar el comportamiento humano se requiere de repetición. Es fácil desenfocarnos; por ejemplo, nos tomamos un día libre y en seguida nos olvidamos de aquello que nos inspiró en un comienzo. Por esa razón, para evitar que estas cosas sucedan, —me refiero a disminuir el nivel de esfuerzo que podría surgir en cualquier práctica—, mejor construimos estructuras de repetición al interior de nuestra vida"[1].

El proceso libera tu mente para que puedas abrirle tu corazón a la persona que tienes frente a ti.

Cuando se trata de ventas, los vendedores caen, típicamente, en una de tres categorías del manejo del proceso de ventas:

1. Simplemente, no tienen un proceso

Ya viste cómo la falta de estructura de Kendra disminuyó sus ventas. Algunos vendedores afirman que pueden trabajar sin una estructura. Tal vez lo hagan durante un tiempo, pero terminarán golpeándose inevitablemente contra una pared que les impedirá averiguar a ciencia cierta lo que les está funcionando y lo que no.

La falta de estructura es aún más peligrosa cuando eres un gerente de ventas. Anoche, estuve hablando con Jenny, una amiga que trabaja con una gran organización sin fines de lucro, y me contó que doce vendedoras tienen que presentarle sus reportes de donaciones directamente a ella, pero ella sola dobla el número de las donaciones de todas sus colaboradoras juntas. Parece que algo está pasando, ¿no?

Cuando le pregunté sobre su proceso de ventas, ella se quedó perpleja. Jenny sabía con exactitud qué hacer, pero nunca había definido una estructura para compartirla con su equipo. Cuando vendes basado solo en tu personalidad y en tu instinto, no sabrás enseñarles a otros, ni lograrás aumentar tu efectividad.

2. Tienen un proceso, pero no entienden la sicología implícita en él

No solo debes definir los pasos de tu proceso de ventas, sino que también debes comprender la sicología que este implica, así como saber manejar tanto las habilidades como las herramientas necesarias para realizar cada paso de manera eficaz.

Cuando era niña, solía encantarme jugar más que nada en el mundo. Monopoly, Risk, Clue, ¡lo que fuera! De mi afición surgió una broma familiar, ya que siempre que les explicaba a otros cómo jugar, les decía: "El objetivo del juego es ganar". Y eso era todo. No les explicaba las reglas, ni las estrategias, ni nada, ¡solo que había que ganar!

Demasiados vendedores entran en el juego de las ventas pensando lo mismo. Y aunque en parte estén en lo cierto, cada paso de este proceso tiene un objetivo único, hay unas estrategias específicas y tareas obligatorias que, si se realizan como debe ser, al final, obtendrán la venta. La sicología de las ventas no solo implica saber qué y cómo realizar cada paso, sino además saber *por qué* lo estás realizando. Conocer el "por qué detrás del qué" te ayudará a adaptarte.

Verás: cuando estás vendiendo, suceden cosas inesperadas. Por ejemplo, que olvidas tus materiales, que el modelo que quiere tu cliente no está disponible o que la tecnología se atascó. Los vendedores expertos saben que un poco de estructura combinada con una visión sicológica les da la capacidad de reaccionar de forma creativa y auténtica en respuesta a interrupciones o a cambios imprevistos.

Si tú crees en adherirte con exactitud al guion, es probable que también creas en el hada de los dientes.

Los guiones funcionan bien, siempre y cuando tus prospectos se ciñan a tu guion. ¡El problema es que nunca lo hacen! Hace poco, escuché a una representante de ventas interna preguntarle a una de sus posibles clientas cómo le iba y qué tal estaba transcurriendo su día.

Su respuesta fue: "Horrible. Mi schnauzer murió anoche".

La representante agregó: "Eso es genial. Tenemos buen tiempo aquí también". (¡Yo no podía creer eso!).

Si a ella se le hubiera enseñado que el objetivo más importante al principio de la llamada es construir una relación, es posible que hubiera mostrado un poco de empatía por el pobre schnauzer.

3. Tienen un proceso, pero no se adhieren a él

De la misma manera en que necesitas sujetarte a tu entrenamiento si deseas resultados, también necesitas monitorear continuamente tu proceso y solicitar retroalimentación de un mentor o colega para asegurarte de que estás maximizando tu efectividad.

También puedes utilizar otras herramientas. Los entrenamientos dirigidos y las listas de verificación son dos de las mejores maneras de mantenerte en el camino adecuado para no omitir pasos y evitar perder ventas.

En su libro *The Checklist Manifesto,* Atul Gawande cuenta una historia acerca de la competencia entre los fabricantes de los aviones del Ejército de los Estados Unidos con el fin de ganarse el derecho a construir el bombardero de próxima generación[2]. La verdad es que la competencia era más que todo una formalidad porque el Modelo Boeing 299 podía llevar más bombas y volar más rápido y casi el doble de distancia.

Sin embargo, a pesar de lo impresionante que era, el primer Modelo 299 se estrelló en una explosión de fuego en plena pista. La investigación sobre el hecho reveló un error del piloto y este modelo terminó por considerarse como demasiado complicado para que un solo hombre lo volara.

De todos modos, el Ejército decidió comprar un par de Boeings como aviones de prueba e implementó un enfoque ingeniosamente sencillo: en lugar de hacer que los pilotos del Modelo 299 pasaran por más entrenamiento, crearon unas *listas de control del piloto.* ¿Cuál fue el resultado? Que con la lista de control en manos del piloto, el Modelo 299, que se convirtió en el bombardero B-17, realizó un total de 1.8 millones de vuelos ¡sin un accidente!

Te recomiendo crear tu propia lista de verificación. Escribe los pasos de tu proceso de ventas. Adáptalo a tu producto con cualquier método adicional o con rituales que veas que debes agregar. Por ejemplo, tal vez deseas personalizar tu lista con recordatorios como: enviar un folleto, hacer un seguimiento con un correo electrónico o mostrar el modelo de tu producto.

En la siguiente página, encontrarás el ejemplo de una evaluación de la presentación de ventas que creamos para un cliente. Los gerentes la usan para entrenar a los vendedores y darles retroalimentación constructiva. Esta lista de verificación les ayuda a mantener a los vendedores bien encaminados hacia sus metas.

Ten en cuenta que no hay un proceso de ventas infalible. Dependiendo de tu organización, es posible que ya tengas un proceso básico o pasos de venta que te hayan animado a seguir. Lo que te estoy sugiriendo es que tengas un plan básico para que, si las cosas no salen según lo presupuestado, puedas adaptarlo. "Lo que diferencia a las organizaciones exitosas no es el tipo de metodología de ventas que utilizan", dice Glenn Seninger, Vicepresidente de Oracle, "sino el rigor con el que ellas siguen esa metodología, sea cual sea. El compromiso de coherencia delimita las culturas ganadoras"[3].

Sentar las bases

Si todavía estás tratando de determinar los pasos de tu proceso, aquí tienes algunas pautas básicas:

1. Numera tus pasos

Hace unos meses, mi equipo estaba trabajando con una compañía de comunicaciones con sede a las afueras de Toronto. Sus pasos de venta no solo eran individuales y en un orden diferente, sino que cada vendedor tenía un número diferente de pasos. Unos seguían 12 pasos; algunos de los veterinarios, seguían 17; y la nueva entrenadora de ventas, Greta, ¡insistía en 36! No era de extrañar que una de las mayores quejas de los líderes de ventas fuera la falta de coherencia.

2. Asígnale un nombre a cada paso

Necesitas darle un nombre a cada uno de los pasos de tu presentación, así tendrás presente en qué etapa del proceso te encuentras y esto te servirá para elaborar estrategias para seguir hacia los pasos siguientes. No seas demasiado complicado con los nombres. Un cliente reciente le puso "el pulpo" a un paso de su proceso de presentación porque tenía ocho partes. ¡Confuso!

Evaluación de la presentación de ventas (Sobre 100 puntos)

Ptos	Paso					
5	Pre-Presentación Preparación	Llegar al estado óptimo (1)	No prejuzgar (1)	Llegar 5 minutos antes (1)	Visualizar resultados (1)	Enfoque (1)
5	Llegada y saludo	Primera impresión (1)	Hospitalidad (1)	Profesionalismo (1)	Sonrisa amable y saludo de mano (1)	Transferencia de entusiasmo (1)
10	Calentamiento	Preguntas de conexión (5)		Pregunta sobre ELLOS (3)	Enunciado de credibilidad (2)	
5	Agenda	Expectativas para hoy — Agenda, Estrategia de descubrimiento (3)			Transición fácil (2)	
10	Historia de la empresa	Claridad (2)	Línea del tiempo (2)	Premios (2)	Expansión (2)	Enfoque (2)
20	Descubrimiento	Identificación de problemas (5)	Descubrimiento de objeciones (5)	Posicionamiento del producto (5)	Descubriendo DBM (5)	
5	Descubrimiento de información	DBM (2)	Problema (2)		Posibles objeciones (2)	
15	Posicionamiento del producto/Presentación	Preguntas de uso (3)	Puntos de comunicación (3)	Historias de terceros (3)	Conexión y descubrimiento de información (6)	
5	Precios	Negocio específico (1)	Venta de CALIDAD (2)	Énfasis en los BENEFICIOS (1)	Ubicación en el panorama general (1)	
10	Resumen y cierre	Resumen de toda la presentación (2)	Valor de la propuesta (2)	Solicitud del negocio (2)	Neutralización de objeciones (real) (2)	Solución de objeciones (2)
	Puntos adicionales	Sincronización y fluidez de la presentación				
		Modo de resolver las objeciones				

Total de puntos

Áreas de excelencia	1.
	2.
Áreas de mejoramiento	1.
	2.

3. Adopta la regla "no importa qué"

Hace años, una gran empresa hospitalaria contrató a mi equipo para construir un programa de capacitación integral para más de 100 de sus miembros de ventas. Nuestra primera acción fue estudiar a los mejores de ellos y crear un sistema para duplicar comportamientos efectivos. Los ejecutivos nos dirigieron a una de sus principales directoras, María Margenot. El equipo de María estaba produciendo más que cualquier otro equipo en la empresa. Después de conocerla, era fácil entender por qué. Resultó ser que ella, que no solo es inteligente sino también una estudiante continua, ideó un sistema al que ella denominó "los innegociables". María afirma que los innegociables son parte de la regla "no importa qué" de su equipo. Sin los innegociables, olvidarás pasos importantes y omitirás las mejores prácticas.

María sostiene: "Los innegociables son los pasos fundamentales y obligatorios que hay que seguir porque ellos contribuyen a la venta y a la experiencia del prospecto. Escogimos muy pocos para que todos puedan conocerlos y memorizarlos. Creo que cuando tienes innegociables, o principios básicos, te sientes realmente liberado porque confías en tu estructura básica y puedes centrarte en ejercer a diario tu personalidad auténtica y creativa para hacer tu trabajo diario".

- ¿Cuáles son tus innegociables? Estos serán diferentes de empresa a empresa y, a menos que sean obligatorios, también lo serán de vendedor a vendedor. Aquí hay algunas ideas para comenzar:

- Estar siempre preparado cinco minutos antes para reunirte con tus prospectos.

- Hacer un conjunto específico de preguntas de descubrimiento para asegurarte de identificar sus necesidades emocionales y sus puntos de dolor.

- Lustrar tus zapatos.

- Devolver llamadas o correos electrónicos dentro de las siguientes 24 horas.

- Mostrar siempre material promocional.

- Asegurarte de contar al menos tres historias alusivas a tus productos.

"Los innegociables hacen que los vendedores se sientan seguros", dice María, "pero, lo que es más importante, les permiten ser auténticos"[4].

4. Desarrolla habilidades técnicas

María también es una gran defensora del desarrollo de las habilidades técnicas. Tú no puedes darte el lujo de estar presentando dificultades al hacer tus demostraciones en línea, ni perder tus contraseñas, ni alterar otros aspectos técnicos de tu presentación que te impidan generar una conexión auténtica con tus prospectos y clientes. A menos que tengas los aspectos técnicos bajo control, estarás preocupándote por la sincronización de tu tecnología en lugar de enfocarte en sincronizarte con tu prospecto. Sting es uno de mis artistas favoritos de todos los tiempos. Cuando él toca *Wrapped Around Your Finger*, yo puedo sentir su corazón y su alma. Estoy segura de que él tiene un montón de conocimientos técnicos, pero el hecho de que se haya enfocado en dominar su arte es lo que le permite expresar su sentir a través de su música. En las ventas, tú tienes que llevar tus habilidades al nivel al que puedas centrarse en tus prospectos, no en tus instrumentos.

5. Recuerda el proceso de compra

Uno de mis ejercicios favoritos durante los talleres consiste en pedirles a los participantes —por lo general, vendedores y líderes de ventas— que escriban los pasos de su proceso de ventas. La mayoría de ellos anota los pasos individuales que realiza con facilidad. Lo que siempre me llama la atención es la frecuencia con la que los vendedores que pertenecen a las mismas organizaciones —y que han tenido la misma formación— obtienen resultados completamente diferentes. ¡Es dramático!

Después de eso, hago una pregunta simple: ¿Cuáles son los pasos del proceso de compra? No el proceso de ventas; el proceso de *compra*.

La risa nerviosa se expande por todo el recinto. Los participantes se ríen, cambian de posición en sus asientos y, en última instancia, comienzan a susurrar entre sí. Ahí es cuando yo hago énfasis en lo siguiente:

Pasamos mucho tiempo hablando sobre el proceso de ventas, pero no dedicamos el tiempo suficiente para entender el proceso de compra.

Recuerda: las decisiones de los compradores son impulsadas por su cerebro emocional. Alguna vez has mirado a un prospecto y te has preguntado: "¿Qué estará pasando por su mente en este momento?" Me alegra que te lo hayas preguntado. Esa es quizá la pregunta más importante que puedas hacerte mientras están haciendo la venta y es indispensable para crear una estructura.

A principios de la década de 1960, le fue atribuido a Paul Mac Lean el modelo de la teoría del cerebro trino[5]. Según esta investigación, el cerebro humano consta de tres partes. (Recientemente, los neurocientíficos están debatiendo la validez de este concepto trino, pero puedo decir de primera mano que lo he estado enseñando durante más de 15 años y los vendedores informan que esta comprensión sicológica del comportamiento humano les ha servido para aumentar su éxito más que cualquier otra lección sobre sicología humana. ¡Así que hablemos de ella!).

He aquí por qué este concepto es importante para nosotros: la atención de tu prospecto está enfocada en una de esas tres partes del cerebro en cada momento de la conversación de ventas.

Tu trabajo es reconocer con exactitud donde él se encuentra en un momento dado y actuar en consecuencia.

Sin llegar a ser demasiado técnico, MacLean llamó a la primera parte del cerebro "el cerebro reptil".

Piensa que tu prospecto está sufriendo la misma transformación de una iguana. ¿Alguna vez has visto una iguana? Son un poco espeluznantes. Lo único en lo que ellas piensan es en la supervivencia.

Cuando tu prospecto está en el modo de cerebro reptil, en lo que está pensando es en sus problemas y en dinero —específicamente, ese es un gran problema porque tú quieres que él tenga el dinero para comprar lo que le estás vendiendo. Por su parte, tu prospecto no está pensando en cuánto quiere él realmente lo que le estás vendiendo. Él solo te mira como una iguana con ojos de plumas y ni siquiera parpadeando, sino más bien queriendo arrastrarse debajo de una roca en alguna parte y comerse algunas moscas.

Es muy difícil hacer que la gente se enamore de tu producto cuando está en el modo iguana.

Así que tu trabajo es cambiar a tu prospecto de su cerebro de reptil al que se conoce como cerebro medio o mesencéfalo. (Yo no hice estos nombres para las partes del cerebro, así que no me culpes por ellos). La manera más fácil de pensar en el mesencéfalo es que ese es tu cerebro en modo champán. Allí, tú tienes puesto tu sombrero de fiesta y, básicamente, el único sonido que escuchas en el mesencéfalo es "¡Ujaaaa!" *Ahí* es donde quieres a tu prospecto. En el modo mesencéfalo, a él le encanta el mundo, le encanta tu producto, te ama y le encanta la idea de sacar su tarjeta de crédito y comprar justo en este instante. Así que, si el cerebro reptil es simbolizado por la iguana de ojos de pluma, el mesencéfalo es un prospecto con un sombrero de fiesta que, no solo está tomando un sorbo, sino un buen trago de champán, más allá de la cuerda de terciopelo rojo en la Sección VIP del club más famoso de Las Vegas, dos minutos antes de la medianoche.

¿Has visto alguna vez un sombrero de fiesta en una iguana? ¡No! Se le cae de inmediato. Eso es porque no puedes estar en dos partes de tu cerebro a la vez. Puedes estar en el modo iguana o estar en el modo Sección VIP del club más famoso de Las Vegas. Pero no puedes estar en ambos modos al mismo tiempo.

¿Mencioné que había tres partes del cerebro humano? Estás en lo correcto. Aquí está la tercera parte: el neocórtex.

En el neocórtex, estás siendo lógico y racional. Te haces preguntas como: ¿esto es bueno para mí? ¿Tiene valor? ¿Es seguro? ¿Es duradero? Tu prospecto necesita esta información, a la cual accederá a través del neocórtex, —el encargado de justificarle la compra al mesencéfalo (y a su pareja o cualquier otra persona involucrada en la decisión de compra).

Así que tu verdadero trabajo consiste en sacar a tu prospecto del modo iguana, hacer que se sienta feliz y tal vez un poco embriagado en un club de Las Vegas, y luego llevarlo al modo neocórtex al cual puedes darle todas las razones lógicas para justificar la compra que, a nivel emocional, de verdad, verdad, él quiere hacer.

La mayoría de los vendedores comete el horrendo error de intentar venderles características, beneficios, lógica y racionalidad… a sus prospectos en modo iguana. Pero a las iguanas no podría importarles menos lo que les estás diciendo acerca de las características y los beneficios de tus productos o servicios. Todas las iguanas quieren sobrevivir y la supervivencia probablemente significa no comprar tu producto porque cuesta mucho dinero. Por lo tanto, te repito que tienes que sacar a tus prospectos del modo iguana y llevarlos al modo club de Las Vegas; luego, a la que podríamos llamar "la fase de la calculadora", en la que solo necesitan introducir los datos sobre lo grande, eficiente, divertido, esencial, útil, duradero, y así sucesivamente, es realmente tu ofrecimiento.

La próxima vez que estés mirando a tu prospecto y te preguntes: "¿Qué será exactamente lo que estará pasando por su mente?", ahora ya lo sabes. ¿Estará en la tierra de las iguanas? ¿Estará en el club de Las Vegas? ¿O estará en modo de calculadora? Reconoce dónde está, y llévalo hacia donde tú quieres que él vaya.

Poniendo todo junto: los pasos críticos de una presentación de ventas ganadora

Ahora que entiendes cuáles son los bloques de construcción básicos de cualquier presentación, he aquí una mirada más detallada sobre los ingredientes de una presentación de ventas ganadora. Una vez más, no hay un método infalible, pero sí debes tener en tu proceso de ventas ciertos pasos definidos que tengan en cuenta el modo iguana y la sicología del proceso de compra.

1. Entra en estado pico

No podemos cambiar el estado cerebral emocional de nuestro prospecto si no logramos identificar y administrar el nuestro. Llegar a tu propio "estado óptimo" —como mi colega Sean Harrison lo llama— requiere de compromiso. La mayoría de los vendedores de alto rendimiento practica rituales que le permita manejar sus emociones. Conozco a alguien que escucha a Aerosmith antes de hacer cada llamada de ventas; algunos oran. Quizá tú necesitas tomar dos respiraciones profundas. Haz lo que precises para preparar tu mente porque las emociones son contagiosas.

2. Prepárate para interactuar con tu prospecto

Si crees que es indispensable estar preparado, este bien podría ser tu paso más importante. Ningún prospecto es igual en ninguna venta. Tuve la suerte de enseñar una clase basada en la autora *bestseller*, Jill Konrath. Uno de sus grandes consejos, cuando se trata de prospectar nuevas cuentas, es:

"Los prospectos que se sienten exhaustos no quieren oír hablar de tus productos o servicios. Ellos te darán acceso solo si picas su curiosidad o los intrigas con información relevante como:

- Cómo otras empresas abordaron problemas similares.

- Resultados de negocios posibles de alcanzar.

+   Información sobre la industria y las tendencias competitivas"[6].

Tus mensajes deben ser breves, concisos y al punto. Programa un espacio durante tu día para elaborar mensajes que sean específicos y atraigan la curiosidad de tus prospectos. Prospecta durante las primeras horas de la mañana. Bueno, es posible que antes de hacerlo desees tomar una taza de café y alimentar al perro, pero prospecta después de eso. Procura hacer citas antes de revisar tu correo electrónico, crear una propuesta o revisar el cheque de tus comisiones. ¿Por qué? Porque el modo predeterminado que habita en nosotros causa resistencia a la prospección. A menos que reserves un espacio para prospectar a diario, ten la certeza de que una tarea más atractiva o una oferta para conocer a una iguana en un club de Las Vegas te robarán tu atención.

3. Empieza el calentamiento

El calentamiento consiste, simplemente, en construir una base de confianza con el comprador estableciendo una buena relación y mostrando empatía. (Tocaré bastante este tema en el Capítulo 5.) Ten en cuenta que la etapa de calentamiento no es la misma que la etapa de descubrimiento. A veces, cuando los vendedores se encuentran con una dificultad, tienden a interrogar a su cliente potencial con preguntas de descubrimiento que lo único que logran es elevar la tensión y poner al prospecto en modo temor. Durante el calentamiento, nuestro objetivo es hacernos amigos de la iguana —¡no calificarla! Además, ¿cómo puedes responderle satisfactoriamente a tu prospecto sin antes descubrir qué es lo importante para él? El objetivo aquí es llevarlo al modo sombrero de fiesta.

4. Declara tus intenciones

Desde el principio, asegúrate de darle a tu prospecto una idea de cómo será el proceso de ventas y cuáles son tus intenciones.

Dale una agenda y discutan juntos sobre sus expectativas mutuas. Hacerlo de esa forma no solo reduce la tensión, sino que demuestra tu competencia y confiabilidad. Las declaraciones de intención podrían comenzar con algo como: "Esto es lo que puedes esperar en el proceso. Muchos de nuestros prospectos tienen preguntas sobre XYZ, así que voy a comenzar por responder todas tus inquietudes".

Sin este paso importante, la gente podría sentirse manipulada. Te daré un ejemplo perfecto. Hace años, participé en un comité con una mujer llamada Nellie. El tiempo pasó y, 15 años después, recibí una llamada de Birmingham. Era Nellie, quien volvió a identificarse y luego se lanzó directo al intento de construir una relación. Después de un buen rato, por fin me dio su razón para llamarme: ¡Su negocio estaba fallando y ella quería pedirme prestados $10.000 dólares! ¡Um, de ninguna manera!

¡Iguana alerta! ¿Por qué no me dijo sus verdaderas intenciones desde el principio?

Es conveniente evitar que los prospectos se sientan manipulados o atacados de forma desprevenida manifestándoles nuestras intenciones desde el principio. Por ejemplo, si estás invitando a un amigo a almorzar para compartirle una oportunidad de negocio o para informarle sobre tus servicios de planificación financiera, déjale claro desde el principio que deseas hablar de negocios, no de béisbol. Discutiremos la declaración de intenciones con mayor detalle en el capítulo sobre confianza.

5. Haz el descubrimiento

También me gusta llamar a este paso: "Averiguar QHAPE" ("Qué hay de interesante para ellos"). Los vendedores son reconocidos por lanzar sus productos demasiado pronto. Son los compradores quienes deciden por qué comprarán, no los vendedores. Al hacer preguntas sobre "quién, qué, cuándo, dónde, por qué" descubrirás hechos, sentimientos y puntos de dolor. En mi experiencia, he observado que no hay mayor manera de aumentar tu eficiencia que haciendo preguntas *apropiadas* para hacer descubrimientos. Por eso he dedicado todo un capítulo a las preguntas.

6. Confirma la información (lo que te dijeron durante el descubrimiento)

Una vez que hayas descubierto QHAPE, repasa junto con tu prospecto cuáles son sus motivadores básicos, sus problemas y objeciones y, lo más importante, logra un acuerdo. (Desarrollaré este tema en el Capítulo 8). La mayoría de los vendedores no realiza este paso, pero es crucial porque también les permite a los prospectos "sentirse bien interpretados", como explica el escritor Mark Goulston[7]. Además, te permite confirmar que sí has oído toda la información correctamente y le ayuda a tu prospecto a entender de qué forma tu producto resolverá sus problemas específicos. En los ciclos de ventas más largos, debes comenzar cada reunión con la confirmación de lo que ocurrió en la última reunión.

7. Haz la presentación del producto

En este paso, estás realizando una demostración, mostrando un modelo o lo que significa la experiencia de usar tu producto. Una vez sepas qué hay en él para tu prospecto, explícale cómo tu solución le brindará más de lo que él quiere y cómo le resolverá sus problemas específicos. Y lo que es más importante, tú necesitas cambiar el estado emocional del prospecto y generarle la urgencia y la emoción que lo hagan receptivo a tu oferta.

8. Cierra (o envía una propuesta)

Es crucial que este último paso esté claramente definido. Lo último que quieres es hacer una presentación de calibre olímpico solo para botar el balón en la línea de meta. Antes de pedir el dinero, enviar una propuesta o tomar medidas para hacer el cierre, debes solicitar retroalimentación. Pon a tu prospecto de nuevo en control. Hazle preguntas como: ¿qué te gusta de lo que has visto hasta ahora? ¿Cómo lo usarías? ¿Quién lo usaría? No envíes nunca una propuesta hasta que hayas revisado claramente los términos, los detalles y aspectos específicos del acuerdo. Discutiremos cómo aislar objeciones y pedir la orden de compra en el Capítulo 9.

No es suficiente con agregar estos pasos a tu proceso de ventas. También debes preguntarte: "*¿Por qué* estoy siguiendo estos pasos y *cómo* hago para darlos?" No te preocupes si todavía no tienes todas las respuestas. Eso es lo que este libro te ayudará a entender.

Relación de equilibrio y urgencia

Piensa en tus últimas llamadas a tu prospecto. Cuando se conocieron, ¿se veía motivado, contento de hablar contigo, emocionado de comprar? ¿O lucía desconfiado, frágil e impaciente? Si respondiste esto último, bienvenido al club. La verdad es que la mayoría de los prospectos no quieren que les vendan nada; es tu trabajo pasarlos de un estado emocional negativo a uno positivo.

Contar con una estructura sólida no solo nos ayuda a aumentar nuestra consistencia, sino que también nos mantiene equilibrados. Toma uno de los aspectos más difíciles de la venta: aceptar el desafío de mantener una relación sincera al mismo tiempo que creas urgencia. ¿Cómo conectarte a un nivel de sinceridad y luego dedicarte a vender? La mayoría de los líderes en ventas me ha dicho que su mayor desafío es mantener la tensión apropiada entre esos dos aspectos.

La sabiduría convencional ha sostenido durante mucho tiempo que las ventas consisten en construir relaciones y hacer amigos. Los vendedores que fueron agradables, complacientes y supieron venderles a sus prospectos sus motivadores emocionales, hacían ventas y ganaban dinero.

Pero los clientes han cambiado. Hoy, ellos tienen muchas opciones. A mayor elección, mayor complejidad. Y ante mayor complejidad, surge la parálisis por análisis.

Cada vez hay más pruebas de que los mejores vendedores de hoy no solo son hábiles para generar confiabilidad, sino que son respetuosamente asertivos.

Según Mathew Dixon y Brent Adamson en su libro *The Challenger Sale*, a veces la mayor necesidad de un posible cliente es averiguar qué es lo que él necesita[8]. Tu rol es ayudarle a hacer eso. Y lograrlo es cosa seria. Tu capacidad para liderar con el corazón, pero también para hacer las preguntas difíciles, determinará tu éxito en las ventas. En la actualidad, los vendedores de alto rendimiento saben mantener muy buen equilibrio entre la construcción de la relación y una asertividad respetuosa —entre el corazón y la venta.

En resumen, ellos construyen una estructura para asegurarse de que están realizando los pasos correctos en el orden correcto, pero también saben cuándo aumentar o disminuir la presión, dependiendo de la reacción emocional de sus prospectos. En mi experiencia, demasiados vendedores conducen el proceso de la venta con demasiada prudencia o con exagerada agresividad debido a que no tienen la estructura, ni el dominio, ni la confianza suficiente para hacerlo de la manera apropiada.

¿Eres demasiado complaciente?

Te presento a Suzy, la vendedora necesitada de aprobación.

Suzy se emociona cuando conoce a un posible prospecto. Tanto es así que la gente se pregunta: "¿Cómo puede sentirse tan emocionada por conocer su prospecto #30 este mes?"

Suzy está de acuerdo con todo el mundo y pasa horas con sus prospectos ya sea que califiquen o no. Ellos la invitan a sus hogares para la cena de Acción de Gracias e incluso se ofrecen a hacer el papel de casamenteros.

Sin embargo, Suzy hace amigos, pero rara vez cierra una venta. Ella es complaciente hasta frente a una falla.

¿Comprendiste el asunto? Las siguientes son algunas señales de que tú, como Suzy, eres demasiado complaciente con tus prospectos:

*   Generas buenas relaciones, pero cuando llega el momento de cerrar la venta, te acobardas. (Tienes miedo de disgustar a tus prospectos o te preocupa que al hacerlo arruines la relación, ¡pero el punto central de la relación es que tú vendas y ellos compren!).

*   Sigues martillando sobre los mismos prospectos saturados en lugar de centrarte en el próximo prospecto.

*   Ofreces extras a expensas de tu propia comisión.

*   Al dar el precio, lo bajas con demasiada rapidez o incluyes un viaje a África, un contrato de servicio de cinco años o un equipo de sonido actualizado. Hacer esto te cuesta credibilidad y respeto.

¿O eres demasiado agresivo?

Ahora, te presento a Tony, el impulsivo alegre.

Tony ha estado en las ventas por un buen tiempo. Habla rápidamente, no confía en nadie y usa expresiones como "Cierra siempre tus tratos", "Sé simple, estúpido", "El café es solo para los triunfadores", y, por supuesto, "Los compradores son unos mentirosos".

Tony ha memorizado una docena de cierres y tiene una respuesta para todo. Él sabe que el primer "no" es apenas una señal de que el juego ha comenzado. Tony pretende hacer negocios demasiado pronto, como si hacer una venta fuera algo tan rápido como una afeitada. No escucha; y lo peor de todo es que no vende.

De repente, tú también has caído en algunas de las estrategias clásicas de Tony; sobre todo, en momentos en que sientes que tu prospecto se está alejando.

¿Cómo sabes cuando estás actuando como Tony?

* Si sientes que tus prospectos están perdiendo el interés y comienzas a repetir e insistir sobre las características y los beneficios de tu producto sin siquiera preguntar por qué podrían estar ellos interesados.

* Si en tus intentos equívocos por crear urgencia, aceleras el proceso de cierre.

* Si pierdes una venta o inventas muchas excusas de por qué tus prospectos no van a comprar, pero nunca le echas un vistazo crítico a lo que has hecho mal durante el proceso.

* Si ya no te gusta tu trabajo, ni tu vida. Si estás agotado, agitado y sobrecargado con tu trabajo. Y, por supuesto, nada de eso es culpa tuya.

A lo mejor conoces a una Suzy y a un Tony, o a los dos, ya que ellos abundan en el mundo de las ventas.

Quizá tú también rebotas hacia adelante y hacia atrás entre estos dos extremos. Cuando hay presión por cumplir con la cuota, tendemos a parecernos a Tony; y cuando nos sentimos inseguros, nos encontramos ante un grave caso de Síndrome de Suzy. La buena noticia es que es posible estructurar nuestras estrategias de presentación para mantener un equilibrio saludable entre los polos de la comodidad y la manipulación. Veamos cómo lo hacen los profesionales.

El camino del medio: respetuosamente asertivo

Los vendedores respetuosamente asertivos se preguntan continuamente:

* ¿Estoy proporcionando ideas valiosas que sean distintas de las de mis competidores?

* ¿Está aburrido mi prospecto?

- ¿Está comprometido?

- ¿Tengo que hacerle preguntas más concretas?

- ¿Es hora de asumir la venta o falta alguna otra forma en que pueda ayudarle a mi prospecto antes de proponerle hacer el cierre?

- ¿Tiene miedo mi prospecto? ¿Las hormonas de lucha o huida le han secuestrado el cerebro? (¿Está en modo iguana ahora mismo?).

- ¿Mi prospecto se está poniendo nervioso?

- ¿Debería pedirle que compre ahora, después de esa señal de compra tan obvia?

- ¿Debo retroceder?

Uno de mis colegas, Joe McGriff, solía decir que el trabajo más importante de un vendedor es administrar el estado emocional del cliente. Así que, si tu prospecto parece asustado, cuéntale una historia o hazle una pregunta que le ayude a revivir una memoria positiva. Si tu prospecto parece aburrido, acelera las cosas, simplifica o utiliza frases que se alinean más con sus valores y preocupaciones.

Piensa menos en lo que quieres decir y más en cómo quieres que tu prospecto se sienta.

La repetición es la clave del éxito

Recuerdo la primera vez que ocupé el cargo de gerente. Llegué a trabajar preparando reuniones semanales de entrenamiento de ventas para mi equipo. Le pregunté a mi mentor: "Después que termine con mi entrenamiento sobre los 12 pasos de la presentación de ventas, ¿en qué más me voy a entrenar?"

Su respuesta fue: "Comienza de nuevo".

Eso es tan zen y tan cierto.

CAPÍTULO 4

En ventas, "no" nunca significa no

Verdad universal #4: ¿Estás paralizado por el miedo? Bueno. Los mejores vendedores saben que cuanto más miedo sienten, más importante enfrentarlo. Lo que tengas miedo de hacer, hazlo pronto. La pregunta que sientas miedo de lanzar, lánzala y vence el temor. En este capítulo, veremos qué es y cómo "apoyarte sobre las ramas frágiles". El fracaso es inevitable. La resiliencia es una habilidad de la vida que llenará tu alma y tus bolsillos.

"Aquí no compramos"

Mi amigo John Liner vendió enciclopedias puerta a puerta durante su época universitaria. Cualquiera que haya hecho este tipo de ventas sabe lo desmoralizantes que pueden llegar a ser. La mayoría de la gente huye de ti desde el momento en que te ve venir.

Pero John tenía un mentor que le dijo algo que él nunca olvidó: "Diríjanse a las casas donde vean los avisos que dicen: 'Aquí no compramos'. Allí encontraran a sus mejores clientes".

John estaba desconcertado. "¿Cómo puede ser eso?", preguntó. "Claramente no están interesados en comprar. Por eso pusieron ese aviso".

"Por el contrario", explicó su mentor. "Están tan asustados de que van a comprar que ponen letreros para evitar la tentación".

En aquellos días, muchas mujeres eran amas de casa. Sus maridos, preocupados por el hecho de que sus esposas hicieran compras innecesarias, insistían en colocar un letrero en la ventana del frente de la casa para ahuyentar a los vendedores no deseados.

Pero John recibió de corazón el consejo de su mentor, les apuntó justo a esas casas e hizo ventas en casi todas ellas. Fue así como se convirtió en el mejor vendedor de su área.

Pero la historia mejora. Como joven empresario, John tuvo una idea. En lugar de vender enciclopedias, les vendía los avisos con la frase "Aquí no compramos" a los hogares que no los tenían. Cuando alguien le abría la puerta, John decía: "Apuesto a que estás harto y cansado de que te molesten los vendedores como yo, que vamos de puerta a puerta. Compra mi aviso y te librarás de todos esos vendedores odiosos que vendrán después que yo".

Así, John pagó todos sus gastos a lo largo de su etapa universitaria ¡y luego, algunos más!

Apúntales a los "no"

Demasiados vendedores sienten pánico ante la idea de recibir un "no". Yo entiendo por qué. Como a la mayoría de la gente, es muy probable que sus primeros recuerdos de infancia sonaran algo así como: "¡No! No te voy a dar galletas… ¡No! Ahora no tienes permiso de salir…". Desde temprana edad, aprendimos a retroceder ante esa palabra.

Sin embargo, como todo en la vida, si nunca lidias con tu resistencia a los "no" en el campo de las ventas, nunca alcanzarás tus metas.

A menudo, a los vendedores se les enseña que los "no" son un mal necesario, un obstáculo que hay que superar. Sin embargo, los vendedores de alto rendimiento perciben los "no" de modo muy diferente. De hecho, ellos los buscan y, en lugar de fijar sus metas en torno a la cantidad de "sí" que reciben, lo que hacen es celebrar sus "no" y aprender de ellos.

Mi amigo John, el vendedor de enciclopedias, no solo no le tenía miedo a esa palabra, sino que él le apuntaba específicamente a ella.

Una vez entiendas por qué necesitas los "no", descubrirás las objeciones, harás las llamadas difíciles y encontrarás maneras creativas de romper obstáculos y barreras. Los chicos persistentes no terminan en los últimos puestos. Si no me crees, pregúntale a un deportista olímpico.

Apóyate en las ramas frágiles

Ve tras la fruta que cuelga bajito y competirás contra un montón de recolectores de cerezas. Toma el camino más difícil y cosecharás recompensas mayores. O como dice mi amigo, un gerente de ventas: "Aprende a apoyarte sobre las ramas frágiles".

Él compara el éxito en las ventas con apoyarse sobre las ramas más débiles de un árbol. "La virtud comercial más importante es el coraje", dice. Los vendedores de alto desempeño se arriesgan. Ellos crean estrategias que los ayuden a enfrentar el rechazo y aceptan que el fracaso es una parada inevitable y necesaria en el camino hacia el éxito.

Encuentra el coraje para hacerles frente a tus miedos

- La llamada que temas hacer es la llamada que debes hacer.

- La pregunta que temas hacer es la pregunta que debes hacer.

- La conversación que más temes tener es la que debes tener.

¡Inténtalo! ¡Ahora mismo! Haz una lista de las 10 personas que más te asustan o te incomoda contactar: las cuentas grandes, las que no estás listo para llamar, las que te dan miedo. ¡Estupendo! Esa es la parte fácil. La parte difícil, pero más satisfactoria, viene a continuación: toma el teléfono, llama a la puerta, llega a esa gente ¡y ve por la venta!

Deja que los "no" sean tu combustible

Piensa por un momento en nuestros héroes, empresarios y líderes de pensamiento, y en todos sus logros. Te garantizo que ellos dejaron su huella teniendo que enfrentar una oposición masiva.

* J.K. Rowling fue rechazada por docenas de editores, incluyendo Penguin, antes de que su serie de *Harry Potter* fuera adquirida por una pequeña editorial de Londres —todo porque su hija de 8 años persistió e insistió en que Rowling continuara presentando su manuscrito en más editoriales[1].

* Decca Recording les dijo a los Beatles: "No nos gusta su sonido y la música de guitarra está a punto de salir del mercado"[2].

* En *Black's Law Dictionary*, Tercera Edición (publicada antes de 1969), la definición de imposibilidad comercial es "un viaje a la luna".

¿Estás persiguiendo los negocios más grandes o conformándote con los blancos más fáciles? ¿Buscas los puntos positivos del fracaso o juegas a la víctima y culpas a las circunstancias externas? La conclusión es que debes aceptar el hecho de que nunca lograrás convertirte en un profesional exitoso en las ventas sin llegar a sentirte a veces como un completo ridículo o a pasar alguna vergüenza. Esos son los gajes de este oficio.

Una vez cambies tu mentalidad con respecto a los "no", cambiarás el resultado en tus ventas y también tu vida. Pero, como comentaré en las páginas que siguen, todo cambio requiere de coraje. El coraje es la virtud que les permite a los luchadores avanzar en medio del rechazo y ser más fuertes. Nadie escapará jamás al dolor, al sufrimiento, ni al fracaso. Sin embargo, del dolor surge el valor y del coraje surge la fuerza.

¿Por qué necesitas los "no"?

1. Los "no" te hacen más fuerte

Si nunca hubieras experimentado el fracaso, ¿serías la persona que eres hoy en día? ¿De verdad? He entrevistado a miles de líderes en ventas a través de los años y un punto que muchos tienen en común es este: cuando les pregunté: "Si tuvieras la oportunidad de 'rehacer algo de distinta forma', ¿qué sería?". Casi todos respondieron algo como: "Nada. Mis errores me han llevado a donde estoy hoy".

Por supuesto, cuando recién los cometes, los errores duelen. Pero si miras hacia atrás, a lo largo de tu vida, concluirás que es durante esos tiempos en que cambiaste de carrera, perdiste a tu pareja o soportaste alguna otra situación complicada que creciste realmente. No hay duda que emergiste de estos contratiempos siendo más fuerte, con nuevas habilidades y experiencias. Los siguientes son mis momentos más difíciles y las razones por las cuales me alegro de que hayan ocurrido:

- Si no hubiera pasado por un terrible divorcio, no habría adquirido los conocimientos necesarios para construir una magnífica relación con mi verdadero amor.

- Si no hubiera terminado una pésima relación de negocios, no habría aprendido a resolver mejor los conflictos.

- Si no hubiera sido despedida de mi trabajo a mis 30 años de edad, no habría perseguido mi sueño, ni habría fundado mi propia compañía de entrenamiento. Nunca olvidaré la aplastante angustia que sentí después de escuchar las palabras: "Hicimos todo lo que pudimos. Lo lamentamos". Conduciendo mi auto, alejándome de Denver Marriott, encendí la radio y sonó una canción de Eagles cuya letra dice: "En un minuto neoyorquino, cualquier cosa puede cambiar". De repente, las lágrimas corrían por mi rostro. Un año más tarde, supe que eso fue lo mejor que pudo haberme pasado.

Definitivamente, estar en ventas tiene un costo emocional, pero son mayores las recompensas. Nunca me he preguntado si elegí la profesión adecuada, ni si ha valido la pena. La capacidad de ayudar a otros, de liderar y de aprender de mis fracasos ha dolido muchísimo, pero siempre me ha permitido sentirme humana y viva. El fracaso es siempre menos doloroso cuando extraes valor de él y decides compartir las lecciones aprendidas con los demás. Considéralos como oportunidades para probar tus modos predeterminados: ¿Están ellos contribuyendo o dificultando tu crecimiento y productividad?

2. Los "no" te vuelven más valiente

Todos tenemos miedos. Y el miedo al rechazo a menudo encabeza la lista. Este temor hace que algunas personas se rehúsen a prospectar. Hasta tomar el teléfono les parece aterrador.

He observado que, cuando identifico con exactitud cuáles son mis miedos y me pregunto: "¿Qué es lo peor que podría pasar?", me siento menos asustada. La verdad es que lo peor suele ser que me siento avergonzada o insignificante; sin embargo, eso no es tan terrible como no ir en busca de aquello que quiero alcanzar.

Cuando te sientas asustado, corre el riesgo; sé audaz y dile a un amigo o mentor cuáles son, exactamente, tus mayores miedos. Aquí están los míos (no incluyen mis miedos personales como perder mi familia, envejecer y vivir en un apartamento con un poodle en el Distrito de Fairfax):

- Nunca seré tan buena como (llena los espacios en blanco: mi madre, mi hermano, mis colegas, mis competidores).

- Realmente, no sé lo que estoy haciendo. Estoy demasiado confundida.

- No voy a tener nada nuevo que decir.

- Estoy desactualizada.

- La gente se reirá de mí.

- Mi vida no marcará la diferencia.

¡Ughhhhh! ¡Eso fue difícil! Pero me siento mejor ahora y tú también, si lo intentas. Tómate un momento y escribe tus mayores miedos. ¿Qué es lo peor que podría pasar si…?

Tus miedos podrían estar reteniéndote. Escribirlos te ayudará a avanzar en medio de ellos y compartirlos te servirá para darte cuenta de que la mayoría de los grandes temores son universales. Muchos de nosotros, por ejemplo, les tememos a nuestras emociones. Pero, como veremos, una buena venta requiere de empatía. En otras palabras, debemos ser capaces de leer, entender y sentir las emociones de las otras personas. A veces, esa parte de los "sentimientos" es realmente incómoda. Así que la evitamos. Pero, cuando la enfrentamos, estamos eliminando las posibilidades que tenemos de descubrir el problema de un cliente así como la oportunidad de brindarle la solución adecuada.

Como veremos más en detalle en el Capítulo 9, hay una gran diferencia entre la "venta emocional empática" y la "venta emocional" —sucumbir a nuestras propias emociones y tendencias negativas. La líder en ventas y autora de *Emotional Intelligence for Salespeople*, Colleen Stanley, sostiene que uno de los mayores desafíos que enfrentamos los vendedores es superar nuestras reacciones de lucha o huida: cuando estamos experimentando miedo, nos volvemos autocentrados y egocéntricos, más preocupados por lo que está pasando en nuestro interior que por lo que está sucediendo con el cliente potencial o el cliente ya estable[3]. Cuando te dispare algo que dice tu prospecto, Stanley te sugiere que procures identificar la emoción que estás sintiendo. Sentirse frustrado es muy diferente a sentirse humillado. Por lo tanto, son dos emociones que requieren diferentes soluciones. Deja de tomar los "no" a nivel personal y tu vergüenza e indisposición comenzarán a desaparecer. Después de todo, ¿no le has dicho que no a alguien que te gusta y admiras? A veces, el momento era incorrecto. Otras veces, la oferta no era la indicada. Hay ocasiones en las que tienes que decir que no. Y si puedes decirlo, también puedes oírlo.

3. Los "no" son generadores de dinero

¿Alguna vez has hecho una venta sin objeciones? ¿Sin ni siquiera un "no", ni un "Me siento incómodo con esto o aquello"? Eso no es vender. Eso es, sencillamente, tomar una orden. En tal caso, también podrías haber preguntado: "¿Quieres acompañar tu orden con una porción extra de papa frita?" Las objeciones son una parte crucial del proceso de ventas. Ellas solo significan que tu cliente está interesado. ¡Bravo!

Si no lo estuviera, no invertiría su energía conversando al respecto. Recuerdo una vez que asistí a un seminario de crecimiento personal en Oahu. Una de las chicas, Kim, estaba tratando de superar por todos los medios una ruptura sentimental reciente. Una mañana, noté a Kim poniéndose sus zapatos de correr. "¿Adónde vas?", le pregunté.

"Voy a ir corriendo al otro lado de la isla en busca de mi ex novio. No veo la hora de decirle: '¡Ya te olvidé! ¡Por fin, no te amo más!'".

"Permíteme entender esto bien", le dije. "¿Vas a correr 12 millas hasta Diamond Head y luego —goteando de sudor y jadeando por falta de aire— enfrentarás a tu novio y le dirás que ya no te importa? ¿Pretenderás que te crea que seguiste adelante con tu vida?".

Lo opuesto al amor no es el odio. Es la indiferencia. Cuando tu prospecto es indiferente respecto a tu oferta, entonces ese sí es un motivo de preocupación. Cuando se opone, está enganchado en el asunto.

Uno de mis clientes favoritos me dijo hace unos 15 años que no creía en los entrenamientos. Año tras año, yo le ofrecía los servicios de mi empresa y su respuesta siempre era "no". Sin embargo, después de darle a su equipo una charla gratis durante toda una tarde, sus ventas comenzaron a subir al punto en que, finalmente, decidió contratarme y desde entonces hemos sacado adelante proyectos juntos. Pero hasta el día de hoy, él todavía me saluda diciendo: "¡Tú sabes que yo no creo en los entrenamientos!". Luego agrega: "¿Podrías ayudarnos a guiar a nuestro nuevo grupo para que aprenda a hacer la presentación de nuestros productos?". A veces, cuando sabes lo que los clientes *no* quieren, es más fácil deducir lo que *sí* quieren.

4. Los "no" te obligan a escuchar

Cuando me uní al mundo de las ventas, decidí aprender a refutar cada posible objeción que los clientes pudieran lanzarme. Me convertí en una experta en objeciones, en una gladiadora. Sin embargo, no fue sino hasta cuando vi a mi mentor manejar las objeciones que supe que mi enfoque era inapropiado. Al responderles al instante, estaba demostrándoles que ellos estaban equivocados. Lo único que lograba era invalidar sus preocupaciones en lugar de interesarme en ellas. Cuando un cliente se siente silenciado cada vez que expresa una preocupación, opta por dejar de manifestarte lo que en realidad siente. Una de mis mejores victorias en las ventas se produjo después que Marriott me puso a cargo de un nuevo producto y me transfirió a Park

City. Mi trabajo consistía en reunirme con la comunidad de bienes raíces. Muchos de los vendedores del área tenían una visión negativa de las propiedades vacacionales conjuntas (eufemismo para multipropiedad) debido a la presión y promesas exageradas que ejercieron en el pasado muchas empresas y personas pertenecientes a este tipo de mercado.

"Solo habla con ellos para que no nos tomen animadversión", dijo mi jefe. Eso es todo lo que tienes que hacer.

Una vez allí, logré hacer amistad con el agente de bienes raíces más exitoso de la ciudad, Bill Cutler. Bill me invitó a su reunión semanal de los jueves por la mañana para que les hiciera una presentación a sus 240 agentes inmobiliarios.

Nunca lo olvidaré. Ahí estaba yo —nueva en la ciudad, con todos los vendedores más destacados del gremio cruzados de brazos y, prácticamente, lanzándome todos sus dardos. Me ubiqué en el frente del salón y les pedí que me dijeran todo lo que odiaban acerca de las propiedades vacacionales conjuntas.

Steve increpó: "¡Esa es una inversión desastrosa!". Acto seguido, Carol intervino: "¡Ese concepto no funciona!". DJ agregó: "Son propiedades que se venden gracias a vendedores fastidiosos que ejercen alta presión sobre los clientes". Todos se echaron a reír.

Respiré profundo haciendo uso de mis clases de yoga y escribí en manuscrito todas sus objeciones en un tablero blanco e incluso los animé a decir más.

"Cuéntenme más", les dije. "¡Sigan opinando!".

Seguí escribiendo todos los horrores que ellos encerraban en sus mentes. Desaté las bestias que habitaban en sus áticos hasta que ya no les quedara nada más que decir.

Luego, respiré y dije: "No es ningún secreto que este tipo de propiedad ha tenido sus problemas. Bill Marriott lo sabía desde antes de entrar en el negocio. Es por eso que creó un programa totalmente diferente —uno que protegería su marca de $8.000 millones de dólares. Lo que voy a mostrarles hoy es por completo diferente a cualquier plan que ustedes hayan visto antes". Después de 20 minutos, les había vendido ocho acciones a los mejores agentes, ¡incluyendo uno a Bill Cutler!

5. Los "no" son una herramienta de negociación

Muchos clientes dicen "no" porque los vendedores los hemos entrenado para esa respuesta a lo largo de los años. Ponte en el lugar del consumidor. ¿Caminas tú a lo largo y ancho de un concesionario lleno de autos y dices "sí" a la primera oferta que te hacen? ¿Alguna vez has dicho "no" a la primera oferta como una estrategia de negociación para al final obtener un mejor precio? Por supuesto que sí —y tus clientes también lo hacen. A veces, los clientes te están probando para ver si tu oferta es la mejor que tienes para darles.

Cuando escuches un "no", no cambies nunca la expresión de tu cara. Esa es una expresión que uno de mis colegas solía usar para describir a los vendedores que se pasan horas construyendo una relación, solo para terminar representando al Dr. Jekyll y Mr. Hyde. Se enojan con sus clientes al primer "no", pero ellos tal vez solo están probándolos para ver si logran obtener un mejor precio o para averiguar si de verdad el vendedor está enfocado de corazón en atenderlos como el cliente merece.

6. Los "no" te ayudan a ensanchar tus metas

Andrea Waltz, entrenadora y coautora de *Go for No!*, aconseja a los vendedores aumentar *intencionalmente* su tasa de fracasos. Cuando los vendedores evitan el "no", pierden oportunidades. Ella sugiere establecer "objetivos basados en los no" en lugar de "objetivos enfocados en los sí".

"Los objetivos basados en los 'no' son especialmente cruciales cuando estás pasando por una mala racha", afirma ella[4].

Supongamos que tu meta para la semana es hacer tres ventas y alcanzas tu objetivo el miércoles. La tendencia es tomar libre el día siguiente y disfrutar del sol deleitándote en tu meta cumplida. Pero si tu objetivo es ir por 10 "no" y después de los 3 "sí" solo tienes 7 "no", le apuntarás a 3 "no" más —y, tal vez, ¡obtendrás otro sí!

Personalmente, me gusta establecer metas para mi equipo basadas en los "no". De esa manera, incluso las personas menos valientes sienten una sensación de victoria. Después de todo, ¡20 "no" es una misión cumplida!

Llévalo a la acción

Navega a través de los "no"

En el Capítulo 9 propongo ciertas estrategias específicas para neutralizar y superar el tipo de objeciones y excusas que escucharás a lo largo del proceso de venta. Por el momento, reconoce las técnicas que usan los prospectos y clientes cuando quieren decirte que "no". Recuerda que recibirás un "no" por respuesta durante cualquiera de las etapas del proceso de la venta:

- **Prospección:** en esta etapa, los CEO no te devuelven tus llamadas, tus correos electrónicos se quedan sin respuesta y las personas que prometen ponerse en contacto contigo desaparecen como Houdini.

- **Al presentar el producto o servicio:** se cruzan de brazos, su reloj es más interesante que lo que les estás diciendo y, de repente, deben asistir a una reunión urgente.

- **Objeciones:** te leen una extensa lista de todas las falencias que ven en ti y en tu producto o servicio: las razones por las cuales tu competencia es mejor, tu producto es demasiado caro y tu servicio al cliente es pésimo.

- **El cierre final:** tú has respondido a todas sus preguntas y preocupaciones, así que les solicitas que hagan su orden de compra, ya que parece que la solución que les ofreces es perfecta, pero ellos manifiestan que no comprarán hoy, ni lo harán mañana.

- **Escucha atentamente antes de responder.** No te pongas a la defensiva. Siempre me divierten los vendedores que se disculpan o critican a los clientes cuando no están de acuerdo con ellos. Respira. Deja que el cliente termine de expresar su idea. Luego, pregúntate: ¿Es este un verdadero motivo para no comprar? Muchas objeciones son válidas y el cliente solo necesita más información. Algunos te prueban para ver si de verdad responderás a sus preocupaciones con sinceridad. Cuando oigo una objeción durante el proceso de ventas, escucho muy cuidadosamente. Valido la preocupación que el prospecto me expresa diciéndole: "Comprendo a la perfección por qué te sientes así" o "Esa es una preocupación válida". Incluso, procuro expresar su objeción haciendo mayor énfasis en ella. Digo algo como: "Ciertamente, no quieres invertir en un producto que no cubra tus necesidades. Parece que mi oferta no te soluciona el problema". Luego, espero a que él intervenga. Y cuando al fin lo escucho, lo confirmo: "Eso sí es lo correcto. Ahora sí estamos de acuerdo".
  ¡Es imposible poner a tu interlocutor de tu lado si primero tú no vas al suyo! Ahora, ya puedes brindarle más información e ideas, y refutarlo ampliamente.

♦   **Responde a una pregunta con otra pregunta.** Escucha detenidamente y despeja el "no" del cliente con una pregunta. Esta es una manera bastante eficaz de reducir la ambigüedad, pero ten cuidado de no usar esta técnica en exceso. He aquí un ejemplo de cómo una vendedora de una agencia de personal usó esta técnica:

Comprador: ¿Por qué ustedes no tienen una garantía de devolución de dinero?

Vendedora: ¿Ha tenido problemas antes?

Comprador: Sí. El mes pasado contratamos a un asistente ejecutivo y en menos de dos semanas sabíamos que no haría bien su trabajo.

Vendedora: ¿Tiene alguna otra preocupación?

Comprador: Sí. Quiero asegurarme de que su empresa sí está investigando a sus empleados como debe ser.

En lugar de ponerse a la defensiva sobre la falta de garantía, la vendedora trató de identificar el problema real. Una vez que conoces las preocupaciones del cliente, estás en capacidad de abordarlas. Si esta vendedora no le hubiera prestado atención a los temores de su cliente, ni hubiera hecho una pregunta aclaratoria, tal vez nunca habría descubierto su verdadera preocupación.

♦   **Recuerda que a menudo las preguntas son objeciones disfrazadas.** Uno de mis estudiantes de una escuela de negocios trabajó para un fabricante de partes de aviones que intentaba cerrar un acuerdo importante con el gobierno. Su cliente le preguntó: "¿Cuántas pruebas hiciste?".

Mi estudiante fue entrenado para preguntarse a sí mismo: ¿Cuál es la verdadera preocupación aquí? ¿Cuál es el "no" o la barrera que hay detrás de la pregunta? Al hacerse esas preguntas, él descubrió que lo que en realidad su cliente le estaba preguntando era: ¿es seguro este modelo? ¿Necesitamos hacer pruebas adicionales antes de introducirlo al mercado?

Una vez más, piensa antes de actuar. En las ventas, "no" nunca significa no, lo cual a su vez significa que nunca debes arrasar a tu prospecto o cliente estable refutándolo. Mejor escúchalo, analiza y responde a sus preocupaciones e incluso a las preocupaciones que él ni siquiera sabe cómo expresar.

- **Identifica cuándo neutralizar un "no"**. Ya lo había hecho antes: clientes que hacen pregunta tras pregunta, preocupación tras preocupación y suenan como un mar sin fin de solos "no". Pero no te rindas y haz una pregunta que neutralice la preocupación del cliente, y escucha con cuidado la respuesta.

Una empresa hotelera que organiza grandes eventos y bodas estaba trabajando con una clienta muy exclusiva. Una de sus mejores vendedoras, Natasha, ya le había respondido unas 10 preguntas cuando la clienta le preguntó: "¿Se permiten mascotas?".

En vez de contestar sí o no, ella neutralizó la preocupación de su clienta preguntándole: "¿Esa posibilidad sería importante para usted al momento de tomar la decisión respecto al lugar que se ajuste a sus necesidades y deseos?".

La clienta pensó un momento y luego dijo que sí sería un punto a favor, pero no algo esencial.

Algunas preguntas no significan "no" en ningún aspecto. Solo necesitas separar los disyuntores de la charla.

¿Dónde habita el coraje?

Superar todos los "no" que encontrarás a lo largo de tu vida requiere de coraje. Pero ten en cuenta que la palabra "coraje" se origina de la raíz *"cor"* —la palabra latina para corazón. Cuando te preocupas lo suficiente con respecto a tu producto, tus clientes y tú mismo, tu corazón supera el miedo.

León, el personaje de *El Mago de Oz,* viajó muy lejos, arriesgó su vida y derrotó a la Bruja Malvada del Oeste con la esperanza de que cuando llegara a Ciudad Esmeralda, el gran Oz le diera coraje. Pero cuando el telón cayó, el mago quedó al descubierto y se trataba de un hombrecito que hablaba a través de un megáfono, tirando frenéticamente de unas palancas[5].

Todo es humo y espejos. Muy a menudo, los vendedores esperan que alguien, cualquiera, les dé la respuesta. Pero nadie te dará jamás una ráfaga de coraje, a menos que tú mismo lo adquieras —que fue, exactamente, lo que León ya había hecho rumbo a conocer a Oz.

El coraje no es un evento que te sucede; es una cualidad generada por tus acciones y debes ponerla en práctica. Si esperas a actuar hasta que el miedo se vaya, la inspiración nunca llegará.

Estrategias para superar el miedo al rechazo

1. Gánate siempre una ovación de pie

La máxima derrota para la mayoría de los vendedores es su incapacidad para manejar el rechazo. Pero, si vas a unirte al mundo de las ventas, necesitas desarrollar la habilidad de lidiar con el rechazo —y muchas veces. Es así de simple. Mi mentor me dijo hace mucho tiempo que contara la cantidad de "no" que recibo y me diera cuenta de que cada uno, simplemente, te acerca a un "sí".

"Haz siempre tu mejor intento con cada cliente", me dijo. "Nunca tomes atajos".

El legendario actor Yul Brynner interpretó el papel de Rey Monkut de Siam en la producción de Broadway de *El Rey y yo* durante asombrosos 4.625 espectáculos —y todas y cada una de las veces recibió una ovación de pie.

"Cuando eres pianista", explicó Brynner, "tienes un instrumento externo que aprendes a dominar a través del trabajo con los dedos y de ejercicios arduos. Como actor, el artista tiene que desempeñarse a través del instrumento más difícil de dominar, es decir, de su propio ser —de su ser físico y su ser emocional"[6].

Al gran Joe DiMaggio le preguntaron una vez por qué había dado todo de sí, incluso en las finales de los juegos de temporada estadísticamente sin posibilidades de triunfo, después de que los Yankees habían sido eliminados de la carrera de banderines.

"Siempre hay un chico que viene al juego a verme jugar por primera vez", respondió. "Él merece verme dar todo de mí"[7].

Es necesario abordar cada llamada con el mismo nivel de profesionalismo y confianza. Cada audiencia merece tu mejor versión de ti mismo.

2. Mira en dirección a la curva

Mi amiga Anna es una de las mejores atletas que conozco. Ella recorre en su bicicleta 7.000 pies en subida en una sola tarde, lidera grupos de escalamiento en las rocas en Yosemite y corre a intervalos en el parque —todo por diversión. Solo seis semanas después de que Anna fue sometida a una cirugía mayor, fuimos a montar en bicicleta, pero, por primera vez, fue ella quien no pudo mantenerse en marcha.

Fue entonces cuando le di los mismos consejos que ella me había dado semanas antes. "Mira siempre hacia dónde quieres ir. Si solo miras lo que tienes en frente, perderás tu equilibrio.

No hay nada que puedas hacer al respecto de todos modos. Enfócate en la meta a la que quieres llegar".

Establece metas futuras. Si no las alcanzas, o si encuentras un obstáculo, mira más allá de donde estás ahora y enfócate en el punto al cual quieres llegar. La gente luchadora sabe que la vida es dura, por eso mismo se prepara para las dificultades recordando siempre el destino hacia el cual se dirige.

3. No saques excusas

Hace unos años, mandé hacer unos sombreros y camisetas para mis empleados y clientes, y decían "No hay excusas". Si no cierras una venta, no importa por qué no lo lograste. Cuando te llega el momento de pagar la factura de la luz, a la compañía que te suministra el servicio de energía eléctrica no le importa si *casi* conseguiste una venta.

De igual manera, cuando se trata de prospección y cierre, "no" nunca significa no. Sé insistente. Cuando recibas un "no", combate esa objeción, pasa por encima de ella y atraviesa todo obstáculo hasta hacer tu venta. Los vendedores promedio hacen comentarios como: "Le dejé un mensaje y él nunca me lo devolvió", "Le envié un correo electrónico, pero no recibí ninguna respuesta", "Ella no debe estar interesada".

Vender no solo requiere de tenacidad, sino también de creatividad, sentido del humor y un sentido innato de cómo y cuándo cambiar el estado emocional del cliente para obtener su atención y ganarte el negocio.

En estos días, tus clientes están demasiado ocupados y sobrecargados de información. Si su primera respuesta es "no", puede que no sea cuestión de que ellos no estén interesados. Simplemente, *tu prioridad no es la prioridad de tu cliente hasta que tú la conviertas también en su prioridad.* ¡Sorpresa, sorpresa! Entrar en contacto con ellos es la prioridad #1 en tu vida, pero para ellos es la #50 en su lista de prioridades… Hasta que logres llegar a ellos y los convenzas de lo contrario.

En la etapa de prospección, lo último que quieres hacer es acercarte continuamente al cliente, ni de la misma manera, ni con el mismo mensaje. Trate de mezclar tus enfoques. Por ejemplo:

- Envíale un mensaje en Twitter, Facebook o LinkedIn en respuesta a algo que él haya publicado. Hazle sentir que le estás prestando atención.

- Envíale un artículo que creas que le servirá para meditar sobre la manera en que podría beneficiarse o beneficiar su negocio al hacer negocios contigo.

- Si estás haciendo negocios con un colega o un competidor, asegúrate de que ellos reciban un boletín informativo o un comunicado de prensa que informe sobre los beneficios de tu producto o servicio, junto con un testimonio.

- Procura hacerte amigo del asistente o de un compañero de trabajo de tu prospecto y logra obtener una cita a través de ellos.

- Al enviar un correo electrónico de seguimiento, asegúrate de relacionar tus productos con sus motivos de compra dominantes o con los objetivos de su negocio.

- Envíales un poema. ¡Sí, un poema! Déjame explicarte.

Obtuve uno de los mayores contratos que he obtenido hasta la fecha enviándole una pizza y un poema a uno de esos ejecutivos ocupados que, simplemente, no me devolvía ni una sola de mis llamadas. Su asistente me dijo repetidas veces: "Él está en una reunión". Pensé: "Caray, este pobre hombre siempre está en una reunión. Parece que nunca sale a caminar, ni a almorzar para hacer un poco de ejercicio. ¡Ni siquiera sé si le quedará tiempo para comer!".

"¿Ya habrá almorzado?", le pregunté a su asistente.

"No".

"¿Cuál es la mejor pizzería del área?", le pregunté.

"Pauli, justo al final de la calle".

"Genial", le respondí. "Voy a comprarle una pizza a Matt y se la enviaré a la oficina. Pediré suficiente para todo el mundo. Oh, y voy a enviarle un poema vía fax. ¿Podrías anexarlo a la caja de la pizza antes de entregársela?". Ella se echó a reír e hizo lo que yo le pedí. El poema decía:

> *"¿Está soleado o lloviendo?*
>
> *El clima siempre se presta para hacer un entrenamiento en línea.*
>
> *Sé que estás ocupado en medio de tus negocios y haciendo al mismo tiempo las veces de banquero. Pero ¿no es hora de elevar anclas?*
>
> *Piensa en el aumento de volumen en ventas que te producirá un equipo de trabajo bien entrenado. Así que, cuando hayas terminado ese último pepperoni ¡levanta el teléfono, devuélveme la llamada y dispongámonos a ganar algo de dinero entre juntos!".*

¿Me devolvió la llamada? ¡Adivinaste! Recibí su llamada a los 90 minutos y el asunto terminó en un negocio bastante grande.

Siempre he tenido coraje. Supongo que se necesita bastante de él para destacarte en el mundo de hoy. Cuando empecé mi empresa de entrenamiento, permanecía en el teléfono 10 horas diarias. Llamaba a todos los CEO que sabía que eran posibles clientes y me ofrecía para realizar un seminario de prueba gratuito. "Todo lo que pido es que escuches mi entrenamiento por lo menos una hora", les decía. "Si te sirve, me pagas la tarifa completa. Si no te sirve, no tienes nada que perder".

4. Celebra los "no"

¿Has oído hablar de Moonshot Factory? Es un laboratorio tecnológico de Google donde los trabajadores reciben aplausos, homenajes, e incluso bonificaciones por, esto es insólito, fracasos. El nombre de este innovador laboratorio se origina en el sueño de John F. Kennedy de lograr transportar a una persona hasta la luna. El uso mismo de las palabras "moonshot" y "factory" apoya la noción de que los sueños no son solo visiones: son *visiones* que se convierten en realidad mediante la implementación de una estrategia. Pero la idea detrás de Moonshot Factory no es simplemente ir más allá de los límites posibles —es construir una cultura que le hace seguimiento intencional al fracaso.

Parafraseando a Astro Teller, encargado de dirigir esta fábrica, los empleados pasan la mayor parte del tiempo tratando de hacer fracasar proyectos y determinar por qué estos no funcionan. La empresa considera los proyectos fracasados como el elemento catalizador de la innovación. De hecho, los empleados que hacen fracasar proyectos ¡reciben dinero y vacaciones a manera de bonificación![8].

Comprendo que no todas las empresas tienen la capacidad de darles bonos a sus empleados por demostrar que hay planes y programas que no funcionan. Además, hay mucho debate con respecto al hecho de si la fábrica será o no un éxito para Google. ¡Actualmente, sus pérdidas se estiman en cientos de millones de dólares!

Pero la idea detrás de Moonshot Factory es provocativa e inspiradora. Es una especie de recordatorio de que, cada vez que intentamos un método que no funciona, nos estamos acercando al que sí funciona. Parecería que, cuando admitimos nuestros errores o incluso nuestras debilidades, esta aceptación nos hace vernos y sentirse más seguros. Reflexiona en tu forma de percibir tus fracasos. Cuando pierdes una venta o cometes un error, aprendes lo que no funciona. Ahorra tiempo y energía aprendiendo qué no hacer en el futuro.

5. Míralo como un juego

Inventé un juego que consistía en verificar cuántos "no" lograba conseguir, sabiendo que cada objeción solo significaba que el cliente necesitaba más información o una información diferente, o que, simplemente, aún no se había conectado conmigo. Fue así como descubrí cómo convertir el "no" en un "sí", sin importar cuánto tiempo me tomara. Algunos "no" tomaron 10 años y hasta 15. Yo nunca los tomo como algo personal. Cuando estás en ventas, "no" nunca significa no. Sin embargo, eso tampoco significa que siempre terminas cerrando una venta; pero si eres sabio, siempre terminas aprendiendo una lección.

Encuentra una manera —piensa creativamente— y si no consigues hacer la venta hoy, ten la certeza de que algún día la harás.

En el próximo capítulo, te mostraré cuales son las cualidades primordiales para generar confianza. ¿Funcionan? ¡Créeme! ¡Todo el tiempo!

CAPÍTULO 5

La confianza comienza con la empatía

Verdad universal #5: la confianza nace de la empatía, la integridad, la confiabilidad y la competencia. Necesitas estos cuatro rasgos, pero sin conectar a nivel empático, no tendrás la oportunidad de demostrar los otros tres. La empatía es el primer requisito para construir confianza. No podemos pretender tener empatía. La empatía no consiste en desviar la conversación hacia lo que tú quieres decir, ni en juzgar a tu cliente. Se trata de estar plenamente comprometidos y receptivos a las emociones de los demás.

Empatía: el primer rasgo generador de confianza

Ya hemos mencionado el hecho de que todas las decisiones son emocionales. En este capítulo, veremos cómo conseguir que el cliente realmente confíe en ti, que confíe lo suficiente como para revelarte cuáles son sus impulsores emocionales. Lograr ese nivel de confianza requiere de empatía y una habilidad a la que yo llamo "escucha sincera". Cuando realmente escuches, entiendas y te intereses en tus clientes, ellos se abrirán contigo y te mostrarán exactamente cómo venderles. Depende de ti identificar las señales que ellos te envían.

En primer lugar, vamos a entender lo que significa empatía. No significa sentir lástima por la otra persona. Tener empatía significa, literalmente, sentir *con* la otra persona, entendiendo lo que ella siente en ese momento. Significa dejar a un lado nuestros propios deseos, temores e incluso prejuicios, cuando nos relacionamos con ella.

Cuando tu médico escucha tus latidos con su estetoscopio, ¿crees que está pensando en sí mismo? No, si es un verdadero profesional. Él quiere entender tu mundo interior; por lo tanto, se mantiene totalmente centrado en esa tarea. Nosotros los vendedores no usamos estetoscopios, pero sí escuchamos el corazón de nuestros prospectos. Cuando cambiamos nuestro enfoque de lo que queremos de una transacción (victoria, comisión, el viaje a Jamaica que ofrece el concurso de ventas) a lo que el prospecto quiere, sucede magia.

Clientes frustrados buscando cómo justificar su molestia

Hace mucho tiempo, al principio de mi carrera, estaba tratando de venderle una encantadora villa de tres dormitorios a un hombre cuya familia parecía más bien acomodada, llamado George Mills. George y su familia viajaron desde Colorado a la villa, un viaje de cuatro horas y media. Cuando llegaron, George me buscó por todas partes y comenzó a gritarme. Se quejó fuertemente de que su alojamiento estaba sucio.

Admito que medio escuché su queja y corrí escaleras abajo buscando poner distancia entre él y yo. Traté de convencer al administrador del lugar, Greg, de no atender a este horrible y enojado hombre, pero él no quiso escucharme y comenzó a hacerme ciertas preguntas:

"¿A qué se dedica este 'horrible y enojado hombre'?"

"Es rector de una escuela", le respondí.

"¿Crees que pueda estar teniendo problemas en el trabajo?"

"Parecía bastante molesto", le respondí.

"Pero ¿por qué debería ser ese mi problema?", n
mí misma. De repente, se me ocurrió: "Tal vez estaba bajo .̣
presión".

Mi tía June trabajó en una escuela y después de muchos años de leal servicio, fue remplazada por una mujer de la mitad de su edad.

"¿Tal vez tenga problemas en su vida personal?", preguntó Greg.

"La hija mayor parece complicada".

Adolescentes, ¡qué pesadilla! Lo sé desde cuando cuidaba a mis sobrinas durante solo unas horas. George tenía tres ¡y de tiempo completo!

"A veces, la gente solo está enojada", comentó Greg. "Son lo que yo llamo 'clientes frustrados esperando a justificar de alguna manera su molestia'. El incidente no tiene nada que ver contigo. Simplemente, estabas allí".

En lugar de pensar en mi venta perdida, comencé a pensar en lo que George debió sentir. Me sentí avergonzada.

Volví corriendo donde los Mills. Me disculpé en nombre de la compañía por el mal servicio. Les ofrecí bebidas frías. Le sugerí a George que le escribiera una carta al presidente de la compañía describiendo el incidente mientras yo, personalmente, limpiaba su unidad porque el personal de limpieza ya se había ido y regresaría hasta el día siguiente.

(Resultó que la habitación no estaba tan desordenada. Por descuido, el personal de limpieza había dejado la bolsa de la basura en la entrada).

Cuando volví a poner algo de los utensilios de aseo y demás en la villa, George bajó su pipa, me miró y exclamó: "¡Tú eres una vendedora, no una ama de llaves!".

"Pertenezco a la misma compañía", le respondí.

"Bueno, en realidad no está tan desordenado", admitió.

Pasé por cada uno de los pasos de mi proceso de venta como

me habían enseñado. Y sobre todo, lo escuché y le brindé comprensión y respeto.

Una hora más tarde, el Sr. Mills había comprado uno de nuestros paquetes más grandes.

Y aquí va lo mejor: nos recomendó con todas sus amistades durante los siguientes cinco años. Todas decían: "Si Mills compró eso, tiene que ser bueno. ¡Es un chiflado!". El hecho es que también terminé vendiéndoles a varios de sus contactos.

Ese día, aprendí una lección importante acerca de la empatía:

es mucho más fácil hacer una venta si escuchas de corazón. Yo podría haber entrado en una discusión con George Mills con respecto a hechos concretos. Después de todo, su villa no estaba técnicamente "sucia". Pero la empatía no comienza con hechos, ni con datos, ni tiene nada que ver con estar o no en lo correcto.

En su popular TED Talk, la comentarista Sally Kohn hace un llamado a que la gente se preocupe menos por la rectitud política y más por *la rectitud emocional*[1]. En otras palabras, en la vida, la gente no siempre está de acuerdo —ya sea que se trate de política, criar hijos o comprometerse a hacer una compra. Sin embargo, lo más importante es comprender los *sentimientos* y no solo las palabras de las personas.

Remplaza la "venta difícil" por una "venta de corazón"

Seamos honestos. Es difícil generar genuina empatía con una pareja déspota o con un CEO que te ignora. A veces, es difícil evitar ver a tus clientes como sinónimos de dinero, especialmente si tus finanzas son inestables. Sin embargo, cuando haces un esfuerzo para interesarte de verdad en ellos y remplazar una "venta difícil" por una "venta de corazón", todo cambia.

Se le ha dicho que, para ganarte la confianza de tus clientes, primero, tienes que agradarles. Sin embargo, ganarte su confianza no empieza ahí; más bien, empieza generando empatía y preocupándote por ellos. La confianza surge después de la empatía. De lo contrario, solo somos otro vendedor con la mirada puesta en el bolsillo de nuestro prospecto.

Entonces, ¿cómo nos hacemos más empáticos? Empezaremos por establecer conexión. La conexión es la precursora de la empatía. Es casi seguro que has oído hablar de establecer conexiones en los seminarios de ventas a los que has asistido. En mi experiencia, a la mayoría de los vendedores se les enseña a ver la relación simplemente como parte de los requisitos; como un prerrequisito dentro de una lista por cumplir. Todo eso es útil, pero ¿dónde está el factor humano que debe existir en esta nueva relación con tu prospecto?

Por sí sola, *la conexión no es suficiente para construir un vínculo fuerte de confianza.* Yo no dejaría a mis hijos contigo solo porque me agradas. Es necesario prestarle atención a la persona real que tienes frente a ti y no solo a la construcción imaginaria que haces respecto a la persona que tú piensas que es ella. Necesitas escuchar con tus ojos, tus oídos, y, especialmente, con tu corazón. La empatía con el punto de vista del otro es la piedra angular de la confianza.

Mejora tus habilidades para construir relaciones.

Los vendedores no siempre saben cómo construir una relación con los clientes. A veces, me parece que sí quieren construirla, pero carecen de los conocimientos técnicos para lograrlo. No saben cómo hacer que la conversación sea natural, ni cómo entender, ni preocuparse por los puntos de vista de la otra persona; tampoco saben cómo escuchar sus emociones, ni sus objeciones tácitas. No entienden los misterios profundos, tan comunes a cada uno de nosotros y no saben ingeniarse la forma de construir la base de una relación de confianza. Pero su falta de habilidades no siempre es el problema; el verdadero problema es su falta de conocimiento y de deseos de aprender todas estas habilidades y cómo ponerlas en práctica.

La siguiente es una lista de ocho conceptos a recordar cuando se construye una relación. Comienza a incorporar estas técnicas durante el paso de calentamiento: cuando logres generar conexión mientras ocurren los primeros momentos de una llamada de ventas, trata de transformar el escepticismo y la ansiedad en confianza y expectativa.

1. Dales tu tarjeta de crédito

En mi primer trabajo en las ventas, los clientes que tomaron sus decisiones de compra el mismo día fueron recompensados con bonificaciones especiales. Nos gustaría hacerles nuestra mejor oferta a los clientes y que ellos compraran en el acto.

Sin embargo, pronto nos damos cuenta de que muchas personas querrán pensar durante un tiempo en las ofertas que les hacemos. Uno de mis colegas insistía en que sus clientes le dejaran su tarjeta de crédito para mantener abierta la oferta. Él esperaba que ellos regresaran con una decisión de "sí" o "no". Desafortunadamente, esta desconfianza a menudo resultaba en lo que él más temía: en que no había venta.

Por mi parte, yo tomé el enfoque opuesto. Cuando mi cliente pedía discutir la propuesta durante el almuerzo, yo le decía: "Por favor, acepte mi invitación. Justo al otro lado de la calle hay una linda cafetería llamada Sweet Onion. Tome mi tarjeta de crédito y lo veré cuando regrese".

Ahora, quizá estarás pensando: "¡Vaya! ¡Eso me costará una fortuna! ¿Qué pasa si no compran?". La verdad es que los clientes casi siempre regresaban y compraban.

Piénsalo. Si hago algo que te agrada, tú tendrás un impulso sicológico profundo por devolverme el detalle. Si hoy me hago cargo de la cuenta de la cena, es probable que tú seas quien paga la próxima vez. La confianza funciona de la misma manera.

Un buen ejemplo de ello es la banda Radiohead. En 2007, los músicos se estaban desesperando porque los jóvenes estaban descargando ilegalmente su música, pasando por alto a las compañías discográficas y a los artistas. En lugar de jugar a sentirse víctimas o llenarse de resentimiento, Radiohead tomó un rumbo diferente: decidieron poner su álbum *In Rainbows* en su sitio web con instrucciones sobre cómo descargarlo. En lugar de un precio, los compradores veían un signo de interrogación y, a continuación, una nota que decía:

"Tú decides".

La táctica no solo creó una tonelada de comentarios, sino que Radiohead "hizo más dinero antes de que *In Rainbows* fuera físicamente lanzado que el que hicieron en total en [su álbum anterior, irónicamente titulado] *Hail to the Thief*"[2].

No te estoy diciendo que des todos tus productos de forma gratuita, ni que les dediques demasiado tiempo a prospectos no calificados (¡ni que los invites a almorzar!). El punto aquí es que ganarte la confianza de tu prospecto es una labor que eres tú quien la comienzas. No podemos garantizar que cada cliente confíe en nosotros, pero sí podemos comenzar confiando en ellos y convirtiéndonos en el tipo de personas dignas de ganarnos su confianza.

2. Interésate en sus batallas

Cada vez que estés frente a un prospecto, procura encontrar por lo menos un rasgo de carácter positivo y ofrécele un cumplido sincero. No te limites a decirle: "¡Qué linda chaqueta!", "¡Qué hermosa pulsera!". Estos son detalles a nivel superficial que no reflejan la verdadera naturaleza de tu prospecto. ¿Es paciente con sus hijos? ¿Es gracioso? ¿Es fascinante su trabajo? Si logras apreciar qué es aquello que tus prospectos más valoran sobre sí mismos, estarás a medio camino de la venta.

Es cierto que encontrar algo agradable en las personas es a veces un poco difícil. Nuestra tendencia habitual es juzgar. Por eso es necesario que dejes a un lado ese impulso inicial y encuentres algo realmente admirable en tu prospecto. Hacerlo te ayudará a construir una relación con él a medida que enriqueces tu propia vida.

Por ejemplo, la primera vez que me registré en un complejo de spa tenía 32 años y era soltera. El restaurante estaba lleno de parejas felices. La mesa del capitán, por otra parte, era donde la gente más se relacionaba. Cada noche, yo tomaba una decisión. No tenía nada en común con el capitán, ni con su tripulación. No se parecían a mí. No tenían mi edad. ¡Nunca usaría ese sombrero! ¿Tal vez debería sentarme sola?

Sin embargo, me obligaba a mí misma a sentarme a la mesa del capitán y cada noche se me pasaba volando. Escuchaba las historias de mis compañeros de mesa y siempre encontraba algo que admirar o respetar en ellos. Todos tenían una historia por contar. Se nos dice: "Sé amable con todos porque cada uno está peleando una gran batalla". O como Zig Ziglar solía decir: "Si tratas a todos como si estuvieran sufriendo, es probable que estés tratándolos de la forma adecuada"[3].

Aunque nuestras historias varían, cuando nos tomamos el tiempo para analizarlas, a menudo descubrimos que nuestras luchas son las mismas.

3. Ama a quienes no son fáciles de amar

Algunas personas son más difíciles de amar que otras. Si has visto *Shrek*, recordarás la escena cuando Donkey intenta construir una relación con él, a pesar de que es un ogro. Shrek es despectivo y desinteresado en Donkey, pero Donkey es persistente y le dice: "¿Sabes lo que me gusta de ti, Shrek? Que tú tienes ese aire de 'a mí no me importa lo que nadie piense de mí'. ¡Y me encanta!"[4].

Mi mentor me dijo una vez: "Es fácil amar a los adorables: a los ricos, a los bonitos y a los calificados". Es más difícil amar a los ogros. Pero ten esto en cuenta: *la forma en que las personas actúan y lo que ellas pueden llegar a ser son dos cosas diferentes. E incluso los ogros tienen cuentas bancarias y tarjetas de crédito.*

Cuando etiquetamos a las personas, las prejuzgamos o las clasificamos, y nos negamos a nosotros mismos la oportunidad de crecer. Si yo hubiera etiquetado a George Mills como un idiota, nunca habría hecho la venta. Creer en el potencial de otra persona es la mentalidad de crecimiento indicada en el campo laboral. Si observas a la gente en términos de su potencial y no en términos de sus acciones actuales, construirás mejores relaciones en la sala de ventas, la sala de juntas e incluso en tu propia sala de estar.

Recuerda que las etiquetas son para las camisas, no para los seres humanos.

4. Préstales atención a los sombreros morados

¿Qué pasa con las personas que se presentan de maneras que parecen diseñadas para eludir cada uno de tus intentos por tomarlas en serio? Por ejemplo, el maestro en un sombrero de color púrpura con plumas, el vicepresidente sénior repleto de joyas de oro y Gucci y el levantador de peso saliendo en su camiseta sin mangas, ¿cómo se supone que deberías acercarte a ellos?

Probablemente, has escuchado la expresión: "Tenemos que hablar sobre el elefante en la habitación". Piensa en ellas de esta manera: si te invito a cenar a nuestra casa en Park City, Utah, y allí en el vestíbulo hay un elefante de circo en cuclillas junto al piano de cola, ¿dirías algo? Si no lo haces, va a ser incómodo para ti y para mí puesto que un elefante en una sala es obviamente inusual.

El elefante provoca tensión en el proceso de crear una relación abierta y auténtica, pero podemos reducirla, simplemente, re-

conociendo su presencia. Las personas que usan ropa estrafala-
ria o los invitados que van de traje de ceremonia a una cabaña
de pescadores son individuos que quieren ser vistos, notados y
admirados.

Cuando conozcas a alguien cuya apariencia grita: "¡Mírame!",
tienes una opción: mirarlo y comentar: "¡Bonito sombrero! ¿De
dónde sacaste esas plumas?", "¿Cuánto tiempo te tomó tener
46 tatuajes?". No les muestres tu incomodidad ante su apariencia. Ellos eligieron esa ropa y no tienen miedo de ella. ¿Por qué
tú sí?

Vender sería muy fácil si solo tuviéramos que venderle a gente
con la misma apariencia nuestra, con nuestros mismos antecedentes y gustos. Pero no es así como va este juego.

5. No seas jactancioso

Mis padres tenían un conocido que mi hermano y yo llamábamos "Herb, el jactancioso" porque Herb tenía un hábito particularmente molesto. Por ejemplo, en una ocasión, mi padre
compartió la historia de cómo sorprendió a mi madre con un
viaje a Isla Grande en Hawái para su cumpleaños y Herb inte-
rrumpió la frase para decir: "Hawái es hermoso. Buena elección.
Tenemos nuestro segundo hogar allá. Por cierto, no llegaré a la
reunión del consejo el próximo miércoles. Estaremos buceando
en Maldivas. ¿Te importaría tomar muy buenas notas, Lloyd?"

Herb tenía una habilidad increíble para redirigir la frase de
cualquiera, fuera cual fuera el tema, y convertirla en una oportunidad para jactarse de su ático de Nueva York, su incompara-
ble negocio o su vasta colección de vinos.

Una vez, vi a un cliente compartir orgullosamente la aceptación de su hijo en *Boston College*, solo para ser interrumpido
por una vendedora que comentó que su hija recibió una beca
completa en *Harvard*. Fue triste y me sentí muy mal por aquel

hombre cuyo logro de su hijo fue eclipsado por alguien que terminó por acaparar toda la atención de la reunión.

No compitas con tu prospecto. Incluso si ganas la batalla de una sola vez, aun así, perderás la venta.

6. Valora el tiempo de tus prospectos y comparte sus valores

Hace unos meses, mi esposo y yo tomamos la decisión de remplazar el que él llamaba amorosamente su "carro de las compras" por una camioneta nueva. Una tarde, hizo una cita con un vendedor llamado Chuck y camino al concesionario me aseguró que averiguaría varios precios antes de hacer la compra.

Pero Chuck había hecho su tarea. Cuando nos saludó, las primeras palabras que salieron de su boca fueron: "¡Felicitaciones!". Había decidido elogiar a mi esposo por su trabajo en una organización caritativa enfocada en ayudar a las personas con discapacidades mentales y físicas. Chuck nos dijo que tenía un niño con autismo y mi esposo se ofreció a ponerlo en contacto con la gente de la organización.

No solo había hecho su investigación, sino que supo conectarse a un tema que mi esposo valoraba. Hablando de algo en lo que los dos se interesaban tanto, Chuck profundizó la conexión —y como resultado, mi esposo pasó a ser algo más que un cliente pasivo.

Si te encuentras en una posición en la que estás prospectando y todavía no sabes quiénes son tus prospectos, debes tomarte el tiempo para realizar la investigación. Cuanto más sepas sobre ellos, más argumentos tienes para decirles que los valoras y mostrarles que ellos son importantes para ti.

Cinco minutos después de su conversación con Chuck, mi esposo dijo: "Parece que tienen una buena selección" y salimos de allí con un nuevo y brillante Silverado 4×4. ¡Estoy segura de que esa no es ninguna sorpresa para ti!

7. Ve más a fondo

Recuerdo vívidamente una caricatura de un vendedor que saluda a tres prospectos diferentes en un mismo día:

- ◆ "¿Eres de Nueva York? ¿Qué tal esa coincidencia? ¡Yo también! ¿Qué tal esos Mets?"

- ◆ "¿Eres de San Francisco? Qué casualidad, me encanta. Yo también".

- ◆ "¿De Atlanta? ¡Somos vecinos!".

Aunque este tipo de comentarios puede construir relaciones a nivel superficial, no genera un vínculo auténtico. La verdadera relación surge cuando compartimos valores e ideas en común con nuestros prospectos, y no simplemente los mismos intereses o lugares de origen. Escuché una gran historia en uno de mis seminarios acerca de Jack, un gerente regional que había estado intentando sin ningún éxito obtener la renovación del contrato en una importante cuenta de software durante los últimos dos años. Había enviado siete representantes de ventas diferentes para reunirse con Phil, el jefe principal, y ninguno de ellos conseguía el acuerdo.

El octavo representante, Jack, finalmente tuvo éxito. Jack resultó ser un veterano de la Guerra de Vietnam. Cuando se reunió con Phil, que también había estado en Vietnam, se dedicaron a hablar del tema y después de unos 25 minutos, Jack miró a Phil a los ojos, le dio una palmadita en el hombro y, con toda la sinceridad que puedas imaginarte, le dijo: "Bienvenido a casa, hombre". Los dos soldados se quebrantaron y se abrazaron, y Jack consiguió la cuenta.

Al construir la relación con tus clientes, haz tu mejor esfuerzo por comentar sobre cosas que tienes en común con ellos y que tocan el corazón: causas en común como los hijos, la educación, la salud, los animales, el servicio militar y la naturaleza. Por supuesto, ten cuidado al hablar de religión y política. Comparte fotos, historias e ideas que se centren en los valores o en las vocaciones. Ve más allá de los comentarios habituales como: "¿Es eso su pez vela?", y de las charlas vacías sobre las posibilidades de triunfo del equipo deportivo local. La confianza se profundiza cuando compartimos valores y creencias similares.

8. Permíteles que hablen de sí mismos

Cuando yo estaba soltera, una amiga me sugirió que conociera a un hombre que ella describió como absolutamente fascinante. Chaz llegó en un convertible azul y me invitó a almorzar a un restaurante italiano. Me habló de los cinco libros que había publicado, de sus propiedades inmobiliarias. Eventualmente, pasó a hablar de las celebridades que tenía como contactos. Lo escuché, le hacía preguntas cuando él tomaba una pausa para respirar e inclinarse hacia adelante. Yo era la oyente perfecta. Por desgracia, él era un aburrimiento perfecto. Pasó una hora y yo no había tenido chance de decir una sola palabra —y no por falta de intentarlo. Chaz me llevó a casa y me acompañó hasta mi puerta, pero yo estaba bastante segura de que no había química entre nosotros. Luego, me miró profundamente a los ojos, hizo una pausa y dijo: "¡Solo quiero decirte que eres la mujer más fascinante que he conocido!".

Yo no lo invité a seguir a mi casa. Tampoco consiguió una segunda cita.

Confiamos en las personas que se toman el tiempo para conocernos. Pero brindarle a alguien nuestra confianza es algo difícil de hacer. Una investigación de *Harvard Business Review* muestra que, en promedio, la gente pasa el 60% de su tiempo hablando de sí misma, cifra que aumenta hasta el 80% en las redes sociales[5].

El filósofo griego Epicteto lo dijo primero: "Tenemos dos oídos y una boca para que escuchemos el doble de lo que hablamos". Obviamente, Epicteto nunca tuvo Instagram. La realidad es más compleja, pero una cosa sí es cierta: cuando hablamos de nosotros mismos, experimentamos una mayor actividad en el área del cerebro asociada con la motivación y la recompensa. Estos son los mismos centros de placer asociados con la buena comida, la cocaína y el sexo. En pocas palabras, nos deleitamos en el modo *"mírame"* ¡porque nos sentimos asquerosamente bien!

Una de las cosas más difíciles para los vendedores es escuchar más y hablar menos. Pero escuchar es clave para desarrollar empatía, una conexión más profunda y, eventualmente, hacer la venta.

¿Qué hacer si no encuentro terreno en común?

Los vendedores se sienten frustrados cuando no logran encontrar un terreno en común con sus prospectos y, deseando desesperadamente encontrar intereses similares con ellos, disparan preguntas aquí y allá y saltan de un tema al otro. "¿Te gusta acampar? ¿De dónde eres? ¿Cuánto tiempo llevas en este negocio?". Cuando caes en este comportamiento, el cliente se siente desatendido, púes lo que tú le estás diciendo es: "No me importa cuáles sean tus respuestas y no me interesas".

El profesor y conferencista de Stanford, Lee Eisler, ideó una estrategia para profundizar y encontrar puntos en común, aun cuando pareciera imposible hacerlo[6]. Supongamos que te encuentras con un prospecto cuyos intereses difieren enormemente de los tuyos. Aun así, todavía es posible generar un terreno en común yendo más allá de las preguntas obvias.

Por ejemplo:

Vendedor: ¿Qué te gusta hacer para divertirte?

Prospecto: cazar.

Vendedor: (Oh, Dios, soy vegano): ¿A sí? ¿Qué te gusta de la caza?

Prospecto: alejarme de todo. Estar en contacto con la naturaleza.

Vendedor: ¡Ah!, yo también disfruto desconectándome de todo. Voy a acampar varias veces cada verano. ¿Qué te gusta de estar al aire libre?

Prospecto: me hace sentir vivo y tranquilo al mismo tiempo.

Vendedor: (pausa reflexiva): sí, a mí también. . . Definitivamente, me siento libre y en paz cuando estoy caminando en las montañas.

Este vendedor experto encontró algo en común en las cualidades y el sentimiento de la actividad que el cliente disfruta, más que en la actividad misma. Él no mencionó que pertenece a PETA, ni tampoco va a hablar de la ANR. No estás siendo hipócrita; simplemente, está obrando con prudencia.

Inténtalo. La próxima vez que conozcas a alguien, que hables con un cliente o un recién conocido, comienza por determinar los intereses que tienes en común con ellos, por lo general, cosas como la familia, viajes, mascotas, conocidos mutuos o actividades. Si ves que no hay intereses mutuos (e incluso si los hay), ¿cómo puedes lograr una comunicación más profunda? Siendo curioso. Pregúntales a tus interlocutores qué hacen y, lo que es más importante, por qué lo hacen. Buscar los sentimientos detrás de sus intereses.

Aprende a escuchar con el corazón

Ken Petress, Profesor del Área de Comunicación en la Universidad de Maine, afirma: "A diferencia de la audición, que es una actividad fisiológica pasiva, escuchar es un proceso cognitivo activo"[7].

En términos más sencillos, la verdadera empatía implica escuchar y comprender el corazón, la mente, el alma y las emociones de tu cliente. Es un acto que requiere que hagas a un lado tus juicios y te enfoques en identificar sus esperanzas, temores, creencias y necesidades. Es cuestión de entender qué es lo más importante para él.

¿Qué tan bien sientes que escuchas? En su libro *Are You Really Listening* los autores Paul Donoghue y Mary Siegel comentan: "Todo el mundo quiere ser entendido, pero pocos sienten que lo son. Sorprendentemente, la mayoría de la gente piensa que es buena oyente"[8].

A menudo, me solicitan evaluar a los vendedores dentro de su propia organización. Suelo tener la habilidad de observar a un vendedor y decirle si su venta fracasará o no desde antes que él presente su producto. En ese momento, en lo que más me fijo es en quién está haciendo la mayor parte de la conversación. Mucha gente piensa que escuchar y oír son iguales. No lo son. La audición es pasiva; no nos transforma, no agita nuestras emociones más profundas, ni evoca en nosotros una idea clara. Por otra parte, la escucha real exige que dejemos a un lado nuestros propios filtros y prejuicios. Requiere de disciplina. Es lo que yo llamo "escucha sincera".

En pocas ocasiones, los vendedores escuchamos de todo corazón. Nuestra tendencia a menudo es pensar en lo que queremos decir a continuación e interrumpir porque estamos impacientes para ofrecer nuestras propias opiniones y porque, en el fondo, no nos importa lo que el prospecto tiene que decir durante el camino a: "Te lo compro". Saber escuchar intencionalmente es diferente. Es tratar de entender a la gente de la manera en que ella quiere ser entendida. Eso es lo que los vendedores deben hacer para mostrar empatía y ganar ventas. Es resumen, implica energía —bastante energía.

Las tres dimensiones de escuchar

Lo que las personas dicen y lo que en realidad sienten no siempre concuerdan. Entonces, ¿cómo saber qué responder? Lo descubrirás en su lenguaje corporal. Lo oirás en su tono de voz. Una vez, alguien dijo: "Si los tres no están de acuerdo, me están mintiendo" —"los tres" hace referencia a las palabras, el lenguaje corporal y la tonalidad.

Una artista amiga estaba mostrándole sus últimas pinturas al óleo al dueño de una galería de arte. El propietario le aseguró que estaba interesado, pero se recostó con los brazos cruzados y continuamente miraba por encima de su cabeza. Era obvio que no tenía intención de volver a llamarla. Por suerte, ella percibió la desconexión, tomó su trabajo y se lo llevó a otro lugar.

Los mejores vendedores saben cuándo los clientes no les dicen toda la verdad de la historia.

Lo dicho, lo que no se dice y lo indecible

El aclamado profesor y guionista Robert McKee hace una distinción entre los diferentes tipos de diálogo. En mi experiencia, he encontrado que este concepto también es bastante útil y aplicable a las habilidades de escucha. En su libro *Dialogue*, McKee nos recuerda que la comunicación es compleja. Según él, las palabras son solo la superficie. El gran diálogo en el campo de la producción en los medios contiene estas tres dimensiones:

- Lo dicho: lo que la gente elige decir.

- Lo que no se dice: lo que la gente está sintiendo, pero puede que no lo diga con palabras.

- Lo indecible: el subconsciente insta y desea que la gente no pueda expresarse en palabras porque ni siquiera es consciente de ellas[9].

Cuando escuches a tus clientes, piensa en estas tres dimensiones y observa lo que le sucede a tu capacidad de prestar mucha atención y sentir empatía. Pregúntate: ¿qué es lo que mi cliente siente que no me está diciendo? ¿qué está pensando que ni siquiera lo sabe a nivel consciente?

Observa que tanto tú como tu cliente asumirán una o más de estas tres actitudes durante cada interacción. Al igual que la audiencia en una obra de teatro, o que el lector de ficción, piensa en ti mismo como la audiencia y en tu cliente como el actor recitando la mayoría del diálogo. Cuanto más atento estés a lo que él te está diciendo, más involucrado en la conversación se sentirá tu cliente. Préstale atención no solo a lo que te dice, sino también a lo que no te está diciendo.

Primera dimisión del acto de escuchar: lo dicho

En este nivel de escucha, simplemente escuchas las palabras de tu interlocutor. No estás en sintonía con su lenguaje corporal porque estás ocupado pensando en qué decir a continuación. Del mismo modo, tu prospecto no puede sentirse "sentido" todavía y se apresura a terminar de decir lo que está diciendo. Las siguientes son señales observables que indican que tú o tus prospectos están atascados en la primera dimensión del acto de escuchar:

- Alejarse y mirar alrededor para ver qué más está sucediendo en el entorno.

- Revisar repetidamente el reloj, el teléfono, etc.

- Interrumpir.

- Caminar de un lado para otro, tamborilear los dedos y evidenciar otros signos que reflejan inquietud.

- No decir nada con el fin de llevar al hablante hacia otros temas.

Segunda dimensión del acto de escuchar: lo no dicho

En este nivel, comienzas a descubrir pistas no verbales. No solo escuchas las palabras de la otra persona, sino que observas su lenguaje corporal y descubres la emoción que yace detrás de lo que dice. Escuchas con tus oídos, pero también con tus ojos. Animas a tu prospecto a proporcionarte más información, a revelarte más sobre el tema y sobre sí mismo. El prospecto, sintiéndose oído, comienza a compartir más detalles contigo y quizá quiera revelarte sus temores, deseos y creencias.

Las siguientes son señales observables que indican que tú o tus clientes potenciales están utilizando habilidades de escucha de la segunda dimensión:

♦ Mostrar participación en lo que se está diciendo, es decir, responder adecuadamente.

♦ Hacer preguntas y pedir más información. Por ejemplo: "Cuéntame más".

♦ Inclinar el cuerpo hacia adelante.

♦ Utilizar buen contacto visual.

♦ Permitir pausas e incluso espacios de silencio intermitentes.

Tercera dimensión del acto de escuchar

En este nivel, centras tu atención por completo en el hablante y tu concentración es tan intensa que captas tanto el contenido como la intención. Te abstienes de prejuzgar o rechazar lo que escuchas. Te sientes "en la misma zona" o "en la misma longitud de onda" de tu interlocutor. Estás tan comprometido que empiezas a experimentar un cambio emocional a medida que te comparten información, ideas y creencias. A esto es a lo que me refiero como "escucha sincera".

Las siguientes son señales observables que indican que tú o tus clientes potenciales están utilizando las habilidades de escucha con todo el corazón:

♦ Permitir largas pausas entre pensamientos.

♦ Asentir con frecuencia en señal de acuerdo.

♦ Permitir que la otra persona termine cada pensamiento por completo.

♦ Sentir un cambio de estado emocional.

♦ Permitirse sentir el dolor, la alegría y la emoción de la otra persona.

La tabla de la página siguiente te ayudará a evaluar qué tan bien escuchas y qué tan bien te están escuchando tus prospectos y clientes.

Para relacionarnos efectivamente con un prospecto, un cliente, nuestro jefe, nuestro vecino o nuestro cónyuge debemos aprender escuchar de todo corazón. Esto requiere de disciplina y práctica. Implica desarrollar las habilidades de inteligencia emocional de la paciencia y la curiosidad. Requiere el deseo de querer entender quién es la otra persona y qué hace que su vida tenga sentido para ella. Es mucho más fácil equivocarnos al limitarnos a hablar de hechos que reunir la fortaleza que se requiere para sentir lo que hay dentro del corazón de otra persona.

La gente suele ser más suave en su interior que en el mundo exterior. Escondemos nuestro verdadero yo detrás de falsas bravuconerías. Conocer a la persona real, no a quién crees que ella es, ni a quién pretende ser. Este es el primer paso para construir la confianza. Pero, como exploraré en el próximo capítulo, demostrar tu fiabilidad, integridad y competencia es clave para implementar el cambio y obtener el compromiso del cliente.

Aunque la simpatía y la empatía te lleven a iniciar una conexión con tu prospecto, la fiabilidad, la competencia y la integridad son la clave para mantener ese contacto. Y esos son los temas de nuestro próximo capítulo.

Lista de chequeo de las habilidades de escucha

Habilidades de escucha	La mayoría de las veces	Con frecuencia	En ocasiones	Casi nunca
1. ¿Algunas veces te desconectas de personas que no están de acuerdo contigo o no te dicen lo que quieres oír?				
2. ¿Te concentras en lo que tu interlocutor está diciendo incluso cuando no estás interesado?				
3. ¿Te impacientas con aquellos con patrones de habla diferentes a los tuyos? Por ejemplo, ¿que hablan más lento, más rápido o con una voz fastidiosa?				
4. ¿Asumes que sabes lo que la otra persona va a decir y dejas de escucharla?				
5. ¿Piensas en cómo vas a refutar la objeción en lugar de prestarle atención a la sustentación de tu interlocutor?				
6. ¿Dejas de hacer preguntas tan pronto como escuchas su motivación dominante de compra en lugar de dejarlo hablar y descubrir más sobre lo que él siente?				
7. ¿Repites en tus propias palabras lo que te acaban de decir?				
8. ¿Miras a los ojos a la persona que está hablando?				
9. ¿Te concentras en el actuar de tu interlocutor y no solo en sus palabras?				
10. ¿Sabes qué palabras y frases causan un desencadenante emocional en ti?				

Continúa siguiente página

Habilidades de escucha	La mayoría de las veces	Con frecuencia	En ocasiones	Casi nunca
11. ¿Sabes qué palabras y frases causan un desencadenante emocional en otros?				
12. ¿Esperas el mejor momento para decir lo que quieres decir?				
13. ¿Te distraes mientras tu interlocutor se expresa?				
14. ¿Permites que las otras personas que hacen parte del grupo también compartan sus pensamientos y sentimientos?				
15. ¿Le preguntas a tu interlocutor qué significa una palabra o un concepto cuando no estás familiarizado con él?				
16. ¿Das la apariencia de estar escuchando cuando no lo estás?				
17. ¿Escuchas a tu interlocutor sin criticarlo ni juzgarlo?				
18. ¿Permites que él exprese sus experiencias o sus sentimientos negativos con respecto a tu producto sin ponerte a la defensiva?				
19. ¿Reafirmas lo que crees que escuchaste?				
20. ¿Piensas en lo que quieres lograr con tu comunicación?				

CAPÍTULO 6

La integridad conduce al éxito

Verdad universal #6: una vez que generamos verdadera empatía nos resulta imposible mentir o engañar a nuestros clientes —o a cualquier persona incluyéndonos a nosotros mismos. La palabra "ventas" proviene de la antigua palabra inglesa que se utilizaba para "dar". Cuando vendemos, debemos dar. Podemos mantener la confianza y disfrutar de un éxito duradero solo cuando cultivamos rasgos honorables como la fiabilidad, la competencia y la integridad. Eventualmente, estos rasgos se convierten en parte de nuestro carácter.

¿Por qué tus clientes no te están comprando?

¿Sabes por qué tus clientes no te compran? Ken Allred, CEO de Primary Intelligence, lo sabe. Su firma se especializa en lo que se denomina "análisis de ganancias y pérdidas". Es decir, analiza por qué se ganan o se pierden las oportunidades de venta. Cada año, Primary Intelligence entrevista a miles de *compradores* para conocer sobre sus decisiones de compra —suma que, típicamente, totaliza más de $2 mil millones de dólares. Primary Inteligence hizo una sesión de descubrimiento con los vendedores y les preguntó por qué creen ellos que sus prospectos no compraron. Luego, les preguntaron a los *clientes*[1].

¿Adivina qué pasó? Las dos respuestas no podrían ser más diferentes. Los vendedores adujeron que perdieron la venta porque el cliente no podía permitirse el producto. En cambio, los compradores dijeron que no compraron porque *haría falta mucho esfuerzo para hacer un cambio*.

Una de las razones primordiales por la cual tus clientes no te compran no tiene nada que ver con tu competidor más cercano, ni con las grandes marcas, ni con nuevos y provocativos productos. *No te están comprando porque ellos prefieren mantener el statu quo*.

Este cambio en el comportamiento del comprador es nuevo. Pero ¿por qué? Debido a que, como sociedad, estamos sufriendo de sobrecarga de información. Estamos ocupados y agotados. El tiempo es la nueva moneda en circulación y todos estamos quebrados. Admito que mi propia vida es una serie de 1.246 correos electrónicos no leídos (incluyendo el tuyo —te prometo que te responderé pronto), recibos de seguros no diligenciados, infracciones de tráfico sin pagar, piezas y partes refundidas.

Tus clientes estresados, simplemente, no logran comprender por completo tus nuevas y complejas ofertas. Es posible que les guste tu producto y que incluso vean todo el valor que hay en él, pero no tienen el ancho de banda necesario para entender lo que estás vendiendo y ni siquiera por qué lo necesitan, razón por la cual son cautelosos de hacer un cambio.

Sé una "marca de ayuda"

En el capítulo anterior, exploramos cómo construir una base para generar confianza estableciendo relaciones y escuchando de todo corazón. Si tu deseo es desarrollar una carrera para ti mismo en lugar de solo presentarte al trabajo, tú necesitas mantener y hacer crecer esa confianza de los demás en ti.

Tus clientes están abrumados. Ayúdales a hacer su vida más fácil, no con trucos y promesas vacías, sino demostrando ser confiable, competente y lleno de integridad al máximo.

No esperes que tus clientes confíen en ti por el simple hecho de que trabajas para una empresa de buena reputación o porque representas un producto muy bien posicionado en el mercado. Sé transparente con respecto a tu oferta y al proceso de compra en sí. Esta forma de proceder no solo te ayuda a establecer una conexión, sino que también le facilita las cosas al cliente. Esfuérzate por ser una "marca de ayuda", una fuente de información y conocimientos útiles, y no otro vendedor como tantos, apenas tratando de ganar dinero rápido.

¿Te acuerdas de la escena en *Willy Wonka y la fábrica de chocolate*? Ese es el lugar donde el niño mimado, Veruca Salt, le dice a su papá: "¡Quiero un Oompa Loompa ya!"[2].

Todos queremos que nuestros problemas se arreglen ya. Queremos que las relaciones rotas sean reparadas de inmediato y que el dolor del fracaso sea aliviado ahora mismo. Pero cuando se trata de confianza, no hay solución rápida. Cuanto más te centres en promesas vacías y en técnicas manipuladoras, más crónicos se volverán tus problemas. La confianza comienza con la empatía, pero, para mantenerla, debes demostrar fiabilidad, competencia e integridad. Y todo esto requiere de trabajo duro y disciplina constante.

Así que, en este capítulo hablaremos sobre cómo lograr que los clientes confíen en ti vez tras vez y con el paso del tiempo.

Confiabilidad: pequeñas cosas iguales a grandes resultados

Al día de hoy, mi madre sigue siendo mi mejor amiga. Desde que tengo memoria, bien sea que me haya estado recogiendo de la escuela o llevando a los niños al centro comercial, su lema siempre era: "Llegar cinco minutos antes de tiempo es llegar a tiempo".

Mamá era, y sigue siendo, confiable. Debido a su buen ejemplo, defino la confiabilidad como *la capacidad de hacer y mantener las promesas de manera consistente*. La confiabilidad, repetida con el tiempo, es el cimiento de la confianza. Y no solo eso, sino que mejorará tu visión de la vida. Cuando mantienes tus compromisos, no importa cómo te sientas un día específico, siempre verás un cambio enorme en tu estado de ánimo.

La confiabilidad se trata de:

- Estar preparado y a tiempo.

- Mantener tu palabra.

- Finalizar la venta con el mismo fervor que sentías al comienzo del proceso.

- Despejar problemas e ideas confusas que surjan incluso después de la venta.

- Hacer más de lo que se te pide que hagas.

- Ser responsable.

- Conservar una excelencia sostenida en tu rendimiento.

Usamos la palabra *confiable* para referirnos a la certeza de que podemos contar con algo o alguien. Llamamos confiable a un atleta cuando él da su máximo rendimiento juego tras juego. La fiabilidad les da a tus clientes la certidumbre de que les entregarás lo prometido y a tiempo. Les permite tener la certeza de que responderás por lo que vendes. Les quita el miedo de cambiar de proveedor o probar algo nuevo.

En 1965, Frederick Smith, egresado de la Universidad de Yale, escribió su tesis de grado sobre los desafíos logísticos que afrontan las firmas en la industria de la información tecnológica. Su tesis afirmó que la entrega de productos esenciales era demasiado lenta. Por esa razón, él propuso un sistema de entrega para darles cabida a envíos sensibles al tiempo, como medicina y piezas de computadora. Su profesor, sin comprender su visión, le dio a Smith una calificación de C en su trabajo. Sin embargo, Smith no se dejó afectar y de todos modos comenzó su empresa ¡a pesar de que un profesor de *Yale Business School* le dijo que esa era una mala idea! En abril de 1973, nació Federal Express[3] y, con el paso del tiempo, logró revolucionar el negocio a nivel global ofreciendo un servicio con dos cualidades específicas: velocidad y confiabilidad.

¿Crees que FedEx o Domino's Pizza estarían posesionados en el mercado como lo están si no garantizaran sus entregas a tiempo? ¿Comprarías tu café en Starbucks si su *latte* supiera diferente cada vez? ¿Qué pasaría si cada mañana alguien en el mostrador intentara una nueva receta o le agregara un poco de canela de su propio cajón de especias?

La mayoría de las compañías exitosas hoy adquirieron prestigio para sí mismas no haciendo grandes promesas, imposibles de cumplir, sino haciendo promesas simples y cumpliéndolas. Tú también puedes construir una reputación de fiabilidad comprometiéndote a lo siguiente:

1. Haz lo que dices que vas a hacer

+ Si te ofreces a enviar un folleto, envíalo.

+ Si ofreces una merienda, sírvela.

+ Si te reúnes con alguien y le dices que vas a hacerle acompañamiento, hazlo —a partir de ese momento.

+ Si le dices a tu cliente que vas a ayudarle a resolver un problema, como dice Larry en *The Cable Guy:* "¡Ponte en marcha!".

2. Sé sensible

Después de tres meses de negociación, mi esposo y yo finalmente elegimos una empresa de jardinería. Tenía muy buenos comentarios en Yelp y una reputación de trabajar con calidad. Nos gustó el propietario. Escuchó nuestras necesidades. Compartimos puntos en común. Él también tiene hijos en la escuela media y entiende la necesidad de que los niños jueguen afuera. Parecía entender lo difícil que es hacer malabares con el trabajo, la familia y la comunidad, que es algo con lo que mi esposo y yo lidiamos todos los días. En resumen, "nos convenció" como persona.

Ahora, es verdad que entiendo muy poco acerca de los aspectos técnicos del paisajismo. Todas las charlas sobre tuberías galvanizadas y demás jerga relacionada con ese oficio me sonaban como un bla,bla,bla sin sentido para mí, ni tampoco necesitaba entender nada de eso, ya que *él me había convencido.*

Estuvimos de acuerdo en los diagramas, nos dimos la mano y nos alegramos de empezar. Pero se le pasó por alto volver a llamarnos. Fue imposible contactarlo por teléfono. El contrato llegó con tres semanas de retraso. La relación estaba allí, la empatía estaba allí, pero, debido a que no era confiable, perdió nuestra confianza y buscamos otra empresa.

En estos días, el interés por dar respuesta es una expectativa tácita:

- Responde los mensajes de correo electrónico, las llamadas telefónicas y los textos que recibas en un plazo de 24 horas.

- Si no puedes solucionarle algún asunto ya mismo, asegúrale a tu cliente que estás trabajando en el asunto. Mantenlo informado.

- Respóndele a tu cliente según sea su modo preferido de comunicación. Algunos prefieren un texto; otros, un e-mail; y a algunos, lo que en realidad todavía les gusta es reunirse para compartir ¡un café o una merienda!

3. Haz el tipo de promesa adecuado

Ten cuidado con las promesas que haces. Esto siempre ha sido un problema para mí porque soy consciente de que me ofrezco a asumir más de lo que puedo. A menudo, no me doy cuenta de cuánto tiempo toma hacer aquello a lo que me comprometí sino hasta después de haberme comprometido. De esa manera, genero un estrés innecesario y un nivel de frustración alto —por no mencionar las multas de tráfico acumuladas y una cocina desordenada.

◆ Mantén las promesas que haces, pero es igual de importante que seas prudente y no hagas demasiadas.

◆ Si te sientes incapaz de cumplir una promesa, haz un nuevo acuerdo con la persona con la que te comprometiste. Sé proactivo sobre esto; hacer seguimiento es la clave.

La idea no es hacer tan pocas promesas como sea posible, sino hacer las promesas adecuadas. Cuando le haces una promesa a un cliente, tal vez te parezca difícil de cumplir, pero te aseguro que, sin promesas, no tendrás clientes.

4. ¡Bienvenidos a Guadalajara, mi ciudad natal!

La fiabilidad en cualquier relación comienza estableciendo expectativas realistas. Es mucho más importante para los clientes tener una expectativa realista de cómo funciona tu producto que el hecho de que les des una explicación deslumbrante de cómo te gustaría que funcione. Por desgracia, demasiados vendedores exageran los beneficios de sus productos o, simplemente, no les explican a los clientes lo que deben esperar al usarlos. No hacerlo disminuye su confianza en ti. Y lo que es más: al no hacer esto, hay una buena probabilidad de que ellos sientan incertidumbre y miedo.

Cuando mi amigo Dave se casó, él y su esposa fueron a México a pasar su luna de miel. El punto es que Dave siente terror de volar, pero nunca le había dicho a nadie acerca de su miedo, ni siquiera a su nueva esposa. Así que, después de abordar un pequeño avión, Dave puso cara de valiente (y tomó algunos sorbos de un frasco) e hizo todo lo posible para mantener la calma.

"¡Despega, despega, despega!", pensaba mientras el avión avanzaba por la pista.

Finalmente, el avión empezó a ascender y ascender —a 12.000 pies, a 14.000— y, de repente, empezó a descender y descender. Y descendió.

Dave se sintió enfermo. Cuando el pequeño avión descendió a tal punto que él podía divisar la pequeña ciudad muy de cerca, pensó: *"¡Dios mío, esto es terrible! ¡Así es como terminaría mi vida! ¡Ni siquiera hemos tenido un bebé todavía!"*.

Luego, unos tres minutos más tarde, el piloto anunció: "¡Espero que les guste Guadalajara, mi ciudad natal! ¡Solo quería mostrarles donde crecí!".

Si el piloto hubiera compartido desde el comienzo su plan de vuelo con los pasajeros, nadie se habría asustado, ni mucho menos aterrorizado. ¿Te imaginas ir a la consulta de un médico y que él te pinche y te estruje sin ninguna explicación? Eso es lo que estás haciendo con tus clientes cuando te lanzas a anunciar tu producto o le disparas una cantidad de preguntas sin antes explicarles cuál es tu propósito o a qué quieres llegar.

Una declaración de intenciones bien hecha no solo les permite a los clientes saber con exactitud qué esperar durante tu llamada de ventas, sino que adherirte a ella es una de las maneras más sencillas de demostrar tu fiabilidad.

Planea tu declaración de intenciones

Esta breve declaración (toma de uno a tres minutos) reduce la aprehensión del cliente y le indica lo que puede esperar. Realiza este paso después del calentamiento o de tu declaración de descubrimiento y confirmación. Mi declaración de intenciones para ofrecerle un entrenamiento virtual a un nuevo prospecto podría sonar algo como esto:

"Estarás preguntándote cuánto tiempo va a tomar esta demostración, cuánto cuesta y si podrías integrarla a la plataforma existente. Hoy mismo estaré contestándote esas preguntas, así como cualquier otra pregunta que tengas. Para respetar tu tiempo al máximo, quisiera hacerte unas cuantas preguntas sobre tu programa actual, lo que te funciona y lo que no, ya que esa información me ayudará a adaptar mejor mi presentación a tus necesidades. Por favor, no dudes en hacerme cualquier pregunta y siéntete libre de expresarme cualquier duda que tengas".

Una declaración de intenciones cumple dos propósitos:

1. Le permite al cliente saber que eres confiable. Demuestras tu fiabilidad cuando haces un plan y lo sigues. Ese plan podría ser cumplir tu promesa de respetar un marco de tiempo dado, solucionar un problema o proporcionarle al posible cliente la información necesaria. Las acciones pequeñas y consistentes hablan mucho más alto que las promesas audaces.

2. Disminuye la tensión inherente del cliente. La ansiedad no expresada y el miedo matan la confianza. Reduce esta incertidumbre diciéndole a tu posible cliente lo que debe esperar y cumple con eso.

Llévalo a la acción

Incluye estos seis elementos en tu declaración de intención

Te aconsejo usar el acrónimo **EADPEC** *para programar tu declaración de intención:* declaración de **e**mpatía, tener una **a**genda, configurar el **d**escubrimiento, eliminar la **p**resión, generar **e**xpectativas y solicitar **c**omentarios.

1. Declaración de empatía: comienza por reconocer los sentimientos del cliente. La gente no siempre desea experimentar sentimientos de aprehensión. Sin embargo, si sabes reconocer "lo no dicho", aumentarás la conexión y tu credibilidad. ¿Tu prospecto se siente curioso, aprehensivo, inquieto o desconfiado? Descubrir lo que él está sintiendo y validarlo es tu primer paso.

Ejemplo: *"Estarás preguntándote cuánto tiempo va a tomar esta demostración, cuánto cuesta y si podrías integrarla a la plataforma existente".*

2. Ten una agenda: a continuación, dile a tu cliente exactamente qué esperar durante la llamada de ventas:

3. Configura el descubrimiento: debe solicitar permiso para realizar un descubrimiento. Si el cliente ve el valor de tu oferta y está de acuerdo, es más probable que sea más abierto contigo. Hazle saber que tú entiendes que su tiempo es valioso. Dile que hacer preguntas te ayuda a cerciorarte más de mostrarle las características más importantes de tu oferta.

Ejemplo: *"Para respetar mejor tu tiempo, quisiera hacerte unas cuantas preguntas sobre tu programa de capacitación actual, lo que te está funcionando y lo que no, ya que esa información me ayudará a adaptar mejor mi presentación a tus necesidades".*

Si el cliente pregunta:	Dile:
¿Cuánto tiempo llevará esto?	Diez minutos, dos horas, "depende de tu interés".
¿Qué haremos hoy?	Estaremos evaluando tus necesidades, analizando si tienes interés hoy o en el futuro.
¿Con quién me reuniré hoy?	Tú y yo; tú y el representante de ventas; tú y un gerente de finanzas.

¿Tu producto es compatible con el que estoy usando actualmente?	Nuestro producto está destinado a remplazar/mejorar el que estás usando ahora. (Es más fácil vender ofertas suplementarias. ¡Las personas odian el cambio!).
¿Qué voy a ver?	Propiedad, arte, paneles solares, el último software.
¿Es esta una venta de alta presión?	¡No lo es! (Luego, asegúrate de dejar hasta ahí la conversación).

4. Elimina la presión: asegúrate siempre de no ejercer presión sobre el cliente diciéndole que no tiene ninguna obligación de comprar. Evita los clichés de ventas tales como:

◆ Voy a mostrarte algo que nunca has visto antes. A menos que de verdad estés a punto de mostrarle un elefante volador, no hagas estas declaraciones. ¿Cómo sabes lo que alguien ha visto o no antes?

◆ No estoy aquí para venderte nada hoy. ¿Entonces, porque estás aquí? ¿Te sientes solo? ¿Tu terapeuta está de vacaciones?

A la gente le encanta comprar, pero odia que le vendan. En lugar de recurrir a clichés desgastados, sé honesto.

Ejemplo: *"No" es una respuesta válida. Este producto podría no ser el que buscas o puede que este no sea el momento adecuado para ti".*

5. Genera expectativas: dependiendo de lo que estés vendiendo, es posible que desees decir claramente lo que tu cliente debe esperar de ti. ¿Hay una promoción ahora mismo? ¿Incentivos? ¿Podrías pedir otra reunión? ¿Es esta una venta de un día? ¿Tal vez hoy tuviste a tu primogénito?

Estos son algunos ejemplos de cómo establecer expectativas:

◆ *"Tenemos descuentos del 30% hoy".*

◆ *"Este es el momento perfecto. Acabamos de recibir nuestro nuevo inventario y tenemos promociones especiales".*

6. Solicita comentarios: la comunicación es una calle en doble vía. Ahora que has entregado tu declaración de intenciones, pregúntale al cliente cómo se siente con respecto a lo que le has dicho. La gente no quiere escuchar una conversación; quiere ser parte de la conversación.

Ejemplo: *"¿Tiene preguntas o inquietudes? Me encantaría recibir tus comentarios".*

¿Qué pasa si no sabes?

¿Qué hacer cuando tu cliente te pide información adicional o te hace una pregunta y no conoces la respuesta? Responder con: "No sé, pero lo averiguaré" no es tan aceptable hoy como solía ser. ¿Por qué? Porque hay mucha información y tú *debes* conocerla.

Pero digamos que estás empezando en esta industria. Estás vendiendo un producto bastante complejo, —y es complicado incluso para ti. ¿Cómo podrías responder mejor? He aquí dos ideas:

1. Pide prestada un poco de credibilidad ajena: dile al cliente que le preguntarás a tu jefe o a alguien más conocedor. "Esa es una gran pregunta. No estoy 100% seguro, pero voy a averiguarlo en… [da un marco de tiempo]".

2. Comparte lo que sabes: responde a la pregunta con información relacionada que *sí* tengas (si es útil). "Lo que sí sé es que las tasas de interés están mucho más altas hoy que lo que estaban hace unos meses, pero permítame averiguar con respecto a tu pregunta específica".

No olvides: ¿cuál es tu intención?

Consciente e inconscientemente, tu cliente está explorando tu cara, escuchando el tono de tu voz y a la vez evaluando sus propios motivos. ¿Es esta persona digna de mi confianza? ¿Querrá lo mejor para mí? Piensa bien acerca de tus motivos antes de entregar tu declaración de intenciones. Mi mentor me enseñó a memorizar la mía. Me dijo que debería ser capaz de recitarla al derecho y al revés hasta en mis sueños.

En las Fuerzas Amadas, los soldados son entrenados para montar y desarmar sus armas en la oscuridad con el fin de que construyan memoria muscular y confianza. Lo mismo ocurre en las ventas. Cuando entregas tu presentación con confianza y de memoria, estás capacitado para sintonizarte con los sentimientos de tu cliente potencial. Pregúntate: "¿Cómo puedo ayudar a esta persona? ¿Cómo quiero que ella se sienta con respecto a hacer negocios conmigo?". Tú no puedes ocultar tu intención. Para ser fiel a ti mismo, enfócate fuera de ti mismo.

Competencia: va más allá de tu producto

Es de esperar que conozcas tu producto. Se espera que conozcas los matices de cómo y por qué funciona. Pero, para ganar confianza y lealtad hoy en día, necesitas más que eso. Debes compartir ideas y proporcionarle a tu prospecto un valor que vaya más allá del producto que estás vendiendo. Los clientes de hoy en día necesitan que los eduquen, no solo que les vendan.

1. Sé insustituible

Volvamos al tema de Primary Intelligence —la empresa que estudia por qué la gente compra. En una investigación paralela a la que mencioné anteriormente, sus analistas estudiaron las competencias que los vendedores de hoy necesitan para sacar a los clientes de su *status quo*. Además del profesionalismo y la capacidad de respuesta, el "conocimiento de su industria" superó las estadísticas[4].

Esto puede parecer intuitivo, pero, en la actualidad, el conocimiento de la industria significa más de lo que solía significar. Mantente al tanto de las tendencias y noticias de última hora de la industria a la que perteneces y podrás ofrecerles a tus clientes ideas novedosas que quizá ellos no encuentren en ningún otro lugar.

Recuerda que los productos de hoy son complicados y tus clientes se están preguntando:

- ¿Cómo se compara este producto con otros similares? ¿Estaré recibiendo el mejor producto?

- ¿En qué más debo pensar antes de hacer mi elección final?

- ¿Quién va a ayudarme a investigar cuando no entienda algo?

- ¿Por qué debo contratar esta empresa cuando hay tantas por ahí que parecen hacer lo mismo?

2. Ten presente que el conocimiento es poder, pero las ideas hacen al rey

Hace un tiempo conocí a Jarrod, el hijo de 27 años de un mecánico automotriz y una madre discapacitada. Jarrod ganó todas las competencias organizadas en su región vendiendo teléfonos inteligentes y servicios de Internet. A la edad de 23 años, él ya era entrenador regional. Su jefe pronto se convirtió en su empleado directo (sueño de todo vendedor) a medida que él ascendía por la escalera al éxito. En 2011, Jarrod estaba convenciendo a sus clientes de teléfonos móviles para que comenzaran a usar los teléfonos inteligentes. Con los nuevos servicios de Internet, tales como las soluciones de fibra óptica y las conexiones DSL, el consumidor tenía tanta información como para estar profundamente confundido. Jarrod alcanzó su camino a la cima con toda la ética del caso y al mismo tiempo rompió todos los récords de ventas y se hizo acreedor a todos los premios de la empresa. Cuando le pregunté cuál fue el secreto de sus logros, Jarrod respondió: "Soy un técnico. Aprendo todo sobre mi producto. Pero lo más importante es que aprendo todo sobre los productos de mis competidores y así, cuando el cliente está confundido o amenaza con echarle un vistazo a la competencia, yo le brindo la información que le ayude a tomar una decisión basándose en lo que él necesita".

Tú también tienes mucho por aprender sobre tu producto, tus competidores y las tendencias en tu industria. Si no te mantienes al día, serás aplastado inevitablemente por alguien que sí lo haga (alguien como Jarrod, tal vez).

3. Ofrece lo que Internet no puede ofrecer

Lo he oído mil veces. Los vendedores asustadizos afirman que el aumento de las opciones de productos, junto con la competencia de Internet, les está quitando ventas.

"Los clientes pueden comprar más barato en Internet", se quejan.

¿Cuál es mi respuesta?

¿Y qué? Convierte a tus competidores en tu ventaja competitiva.

¿Desde cuándo compras solo la opción más barata? ¿En una noche de cita, solo comes en Burger King? ¿O gastas más (mucho más) en una cena realmente agradable en un buen restaurante? Un servicio competente al cliente consiste en formar una relación genuina, resolver problemas y buscar oportunidades para ofrecer ideas.

Piensa en esto:

- ♦ Durante los últimos años, el uso de agentes de viajes ha aumentado en un 36%. Claro, tú mismo puedes buscar el mejor viaje a Islandia vía Internet, basándote en las fotografías. Sin embargo, a veces es mucho mejor hablar con Magda, la agente de viajes, sobre los hoteles, las carreteras y todos esos detalles exactos que son más atractivos tanto para ella como para sus clientes.

◆ Charlie, un vendedor de Audi en Salt Lake City, recoge a todos sus clientes en el aeropuerto mientras sus autos reciben servicio. Incluso se encarga de los detalles que necesiten sus vehículos para quedar al día mientras ellos están fuera de la ciudad. "Algunos de estos nuevos vendedores no tienen ni idea de cómo funciona esto", dice. "Hoy en día, se trata de cuidar a tus clientes".

◆ George vende propiedades vacacionales en Cabo San Lucas. Él ya ni se inmuta cuando sus posibles compradores le dicen que tienen una opción más barata para ir de vacaciones a través de Expedia. Él sabe muy bien que su función es enfocarse en destacar los servicios de asesoría de su empresa y les señala a sus prospectos cómo estos les ahorrarán tiempo valioso. Además, les muestra lugares secretos de buceo y les hace reservas en los restaurantes más insospechados. Ni siquiera Google puede hacer eso por ti.

¿Qué podrías ofrecer que Internet no pueda? Haz una lista. Comienza con el servicio y la conexión. Esta lista te servirá como patada de inicio:

◆ Soporte técnico

◆ Servicios de cuidado de niños

◆ Recomendaciones de restaurantes

◆ Tu experiencia

◆ Asesoramiento

- Sensación de seguridad y bienestar durante el proceso de ventas

- Conexión

- Servicio postventa

- Amistad

- Un favor para sus hijos

- Comunidad: la posibilidad de conocer a otras personas que compraron el mismo producto o servicio

4. Enséñales a tus clientes cómo comprar

Los compradores de hoy en día necesitan que los ayudes a navegar en medio del diluvio de información y especificaciones que existen con respecto a tu producto. Pregúntate: "¿Qué querría saber yo si estuviera comprando este producto? ¿Qué cosas debo pensar y planear? ¿Qué debería preocuparme?".

Los compradores necesitan entender tu proceso de ventas, pero también te necesitan a ti para que los dirijas a lo largo de su proceso de compra. Ayúdales a comprender qué pensar al comprar un producto *como el tuyo*. Sí, dije como el tuyo. Bien sea que te compren o no, la ayuda que les brindes les servirá para atravesar el campo minado que tienen delante de ellos. Facilítales su toma de decisiones y haz que comprarte sea un proceso fácil y agradable.

Por ejemplo, cuando hablo con clientes acerca de nuestro software de aprendizaje, yo no me limito a centrarme en las características y beneficios de mi sistema. En cambio, les digo lo que deberían considerar al comprar cualquier plataforma de formación virtual. Esta práctica demuestra competencia, experiencia e integridad, todo lo que lleva a un cliente a confiar en ti y a comprarte a ti y no a tus competidores.

Integridad: defender los ideales

Si no defiendes nada, terminarás defendiendo cualquier cosa.

Es fácil decir que no torcerás la verdad cuando los tiempos son buenos, cuando no necesitas dinero o cuando estás en la cima de la montaña, pero ¿qué tal cuando tu cónyuge está enfermo o cuando estás atrasado en el pago de la hipoteca?

Decide cuáles son tus valores, lo que estás dispuesto a decir o no sin importar lo que esté pasando en tu propio mundo. Todos los aspectos de tu ser deben estar alineados para que tu mensaje haga eco en el consumidor.

Dile al cliente lo que tu producto no hará

Cuando solo le dices a tu cliente las virtudes de tu producto, dejas de ser un recurso confiable. Una de las mayores quejas de los clientes de hoy es que los vendedores hacen que sus productos suenen "demasiado buenos para ser verdad".

Podría ser contraproducente, pero, si no compartes con tu cliente las falencias de tu producto, o lo que este *no hará*, él nunca creerá en lo que *sí hará*.

Puse esta idea a prueba cuando vendí mi propio auto.

Mi distribuidor no me había ofrecido nada que ni se pareciera a su valor real, así que decidí actuar y venderlo por mi cuenta. Poco después de publicar mi anuncio, un hombre se interesó en mirarlo, un Land Rover hermoso cuyo precio era bastante justo —$27.900 dólares—, un poco por debajo de su precio en el mercado. Lo primero que quiso saber, naturalmente, fue si el carro había sufrido algún accidente. Le respondí honestamente.

"No", le dije. "Pero déjame decirte lo que no le está funcionando".

El hombre pareció aturdido a medida que yo le iba mostrando el carro y le señalaba algunos daños que acababa de repararle; no eran daños de los que él tendría que preocuparse porque yo ya me había encargado de ellos, pero sentí que a él le gustaría saberlo.

"El reproductor de CD está dañado", agregué. "Es probable que tengas que remplazar toda esa parte".

Parecía obviamente aliviado. Tal vez, pensó que recibiría muy malas noticias. Todo lo que le dije le hizo quedarse mirando un poco más el auto. Luego, me dijo que el mismo modelo con *menos* kilometraje estaba a la venta en una ciudad vecina y por *menos* dinero. Me encogí de hombros, ansiosa por volver a mi trabajo. Mi pareja y yo teníamos folletos esparcidos por toda la sala de estar y otro par de posibles compradores vinieron a mirar el carro.

"Entonces debes comprar el más barato", le dije sin querer decir más ni menos de lo que le acababa de decir.

"Pero el tuyo es verde", agregó. "Y quiero un auto verde".

El otro carro no era precisamente lo que él quería. Y como fui tan honesta, él comprendió el beneficio de conseguir justo lo que quería y cuando lo quería. Además, me creyó cuando le dije que no había estado en ningún accidente debido a todos los pormenores que le di acerca de los inconvenientes del carro (las reparaciones que le hice y el detalle del reproductor de CD roto).

Después de todas mis explicaciones, me dio $1.000 dólares como adelanto del negocio y me dijo que volvería al día siguiente para pagarme el resto y llevarse el carro. Al salir, echó un vistazo alrededor de la sala de estar y me preguntó a qué me dedicaba.

"Trabajo en ventas", respondí contando el dinero.

"¿Eres buena?".

No tuve que responder porque mi amado esposo lo hizo por mí.

"Bueno, acaba de venderte un carro, ¿no?".

Al día siguiente, él se fue con el carro que él quería y yo finalicé la transacción conservando mi ética intacta y con mucho más en mi bolsillo de lo que habría recibido si hubiera actuado de otra manera. Ese día aprendí: "Si tienes miedo de perder, nunca ganarás". En ese momento, yo no tenía un nombre para esa técnica. Lo cierto es que, cuando vendí mi carro, usé una técnica que ahora llamo "las pequeñas negativas" —declaraciones hechas a un cliente, o una respuesta a una pregunta, que revelan lo que tu producto *no* hará. Algunas cosas para recordar:

- ◆ **Utiliza pequeñas negativas solamente:** si la información que estás ofreciendo es de hecho una pequeña negativa, no una negativa gigante.

- ◆ **Cuando un cliente hace una pregunta, recuerda que las preguntas a menudo pueden ser objeciones disfrazadas.** Aclara las preguntas o preocupaciones de tu cliente antes de responder con una pequeña negativa o con cualquier otro tipo de objeción.

- ◆ **Equilibra una "desventaja" con una "ventaja".** Recuerde la regla básica de las "desventajas": cuando hay algo en contra, también debe haber algo a favor. Manifiéstale a tu cliente lo que tu producto *no hará* y luego menciónale lo que *sí hará*.

Las pequeñas negativas son eficaces siempre y cuando tu intención sea pura. Al adoptar cualquier técnica de ventas, no la utilices nunca para controlar o manipular. Revisa tu interior y pregúntate si tus acciones están destinadas a beneficiar a tu cliente o si estás actuando en beneficio propio. Como Napoleon Hill escribió en *Think and Grow Rich:* "Me doy cuenta plenamente de que ninguna riqueza o posición durará mucho, a menos que sea construida sobre la verdad y la justicia. Por lo tanto, no me comprometeré en ninguna transacción que no beneficie a todos los implicados en ella"[5].

Cuida tu integridad

Para obrar con integridad hacia los demás, primero debes practicar la integridad contigo mismo. ¿Cuáles son tus valores? ¿Mantienes tus compromisos contigo mismo? Esto es difícil. Muchos somos rápidos para engañarnos a nosotros mismos con respecto a aquello que necesitamos para estar sanos y sentirnos felices. ¿Sabes renunciar a tus placeres a corto plazo para cumplir tus metas a largo plazo?

Es más fácil vender con integridad cuando la practicas contigo mismo

El otro día, escuché un increíble podcast de la autora de *best-sellers,* Martha Beck. Cuando le preguntaron cómo hace su mejor trabajo, ella respondió que cuando se hace una "limpieza de integridad"[6]. Es decir, cuando ella se compromete a decir la verdad absoluta a un nivel más y más profundo. Martha afirma que cuanto más honesto eres, más mágico te vuelves, más fácil es tu vida y más éxito tienes.

¿Qué te parecería hacerte una limpieza de integridad? Sé honesto. ¿Alguna vez te sorprendes a ti mismo diciendo mentiras blancas para hacer menos incómoda una situación social? ¿Exageras las características de tus proyectos cuando te siente nervioso? Las pautas acerca de la integridad se te irán haciendo más evidentes con la práctica. Pregúntate o pregúntele a un mentor: "¿Qué harías tú si?". Como dice Paul Samuelson: "Las buenas preguntas no tienen respuestas fáciles"[7]. Préstale atención a las cosas pequeñas porque, cuando las ignoramos, se van volviendo una bola de nieve hasta convertirse en cosas grandes.

No hay un manual sobre cómo debe comportarse un vendedor. Deja que tu conciencia sea tu guía. Cada uno de nosotros debemos definir por sí mismos qué valores tenemos y quiénes queremos ser. La confiabilidad es más que la integridad. Es una rica receta que ha sido probada con el paso del tiempo y está compuesta de empatía, confiabilidad, competencia e integridad.

Esto nos lleva al siguiente capítulo, el cual trata de cómo interesarnos tanto en los demás como para hacer las preguntas correctas. Hacerlas te ayudará a averiguar qué es lo que más les importa a tus clientes y a todos los que hacen parte de tu vida.

CAPÍTULO 7

Lo que se puede decir, se puede preguntar

Verdad universal #7: Cuando hacemos las preguntas correctas, descubrimos cosas muy importantes. "Las preguntas de descubrimiento" hacen evidentes las necesidades de los clientes, dirigen su pensamiento por el camino que nosotros elijamos, generan curiosidad y, en última instancia, los mueven a la acción. Estas preguntas crean una relación, así como compromiso; además, les ayudan a tus clientes potenciales a tomar la decisión de compra. Las preguntas bien elaboradas nos ayudan a hacer puntos a nuestro favor en voz alta, pero sin tener que levantar la voz. Las buenas preguntas generan cambios. Las grandes preguntas pueden, incluso, cambiar el mundo.

Preguntas que nos ayudan a enamorarnos

Me fascinó el artículo de *The New York Times*, "The 36 Questions That Lead to Love", que hace referencia al ensayo de Mandy Len Catron, "Modern Love", "To Fall in Love With Anyone, Do This".

La idea es que 36 preguntas sugestivas, emocionales y bien elaboradas pueden hacer que te enamores de alguien. Las preguntas están divididas en tres secciones —cada una más comprometedora que la anterior. Lo cierto es que parece que la vulnerabilidad mutua fomenta la cercanía. Para citar los autores del estudio: "Un patrón clave asociado con el desarrollo de una estrecha relación entre los pares es su decisión personal de un sinceramiento continuo, en aumento y recíproco. Permitirnos ser vulnerables con otra persona suele ser extremadamente difícil, por lo tanto, casi siempre es una decisión frente a la cual debemos forzarnos a nosotros mismos"[1].

Me sentí intrigada, así que decidí intentarlo con mi esposo. Después de solo 10 preguntas, nos sentíamos más cercanos, más conectados y más felices. Estas son algunas:

- ¿En qué consistiría un día "perfecto" para ti?

- Si pudieras vivir hasta la edad de 90 años y retener la mente o el cuerpo de una persona de 30 años de edad durante los siguientes 60 años de tu vida, ¿qué cualidades retendrías?

- Si pudieras despertar mañana habiendo adquirido alguna cualidad o habilidad, ¿cuál sería?

Admito que nunca he intentado este experimento con mi peluquero, ni con un perfecto extraño en un avión, ya que fue diseñado para ponerlo en práctica entre quienes ya tienen afinidades en común. Sin embargo, me hizo pensar: ¿por qué las preguntas nos ayudan a construir una conexión sincera? Y si 36 preguntas bien elaboradas pueden inducir el amor, ¿36 preguntas bien pensadas también podrían conducir a una venta?

Por supuesto que sí. Haz las preguntas correctas en el momento adecuado de la manera correcta y observa que las respuestas que recibirás te prepararán para el éxito a largo plazo. Este tipo de cuestionamiento metodológico, propuesto por primera vez por Sócrates hace unos 2.400 años en la Atenas clásica, ha ayudado a las personas y a las organizaciones a aclarar sus intenciones y ensanchar su pensamiento; desde entonces, también les ha ayudado a las partes opuestas a llegar a un acuerdo. El gran motivador Tony Robbins dice que el cerebro humano es una máquina que responde a preguntas[2]. Haz preguntas pésimas y obtendrá resultados pésimos. Haz preguntas mejores y obtendrá mejores respuestas. Las preguntas que les hagamos a nuestros clientes dictarán cómo ellos piensan acerca de nuestros productos, sobre nosotros y sobre si comprar o no en el momento.

Este capítulo trata sobre cómo saber qué preguntas hacer para descubrir las necesidades de los clientes, disfrutar de relaciones más ricas y gratificantes y hacer más ventas y más rápido.

El poder de las preguntas correctas

En concreto, las preguntas tienen varios efectos:

◆ **Desafían nuestro pensamiento y generan nuevas ideas.** A lo largo de la vida, descubrimos miles de posibilidades; a veces, nos llevan a nuevas relaciones, a oportunidades de negocios y a formas novedosas de hacer las cosas. Pero necesitamos ese germen inicial de una idea. Polaroid fue fundada en una sola pregunta de un ingeniero de 3 años de edad: "Papá, ¿por qué tenemos que esperar para ver nuestras fotos?".

◆ **Crean conexión.** La palabra "comunicación" proviene de la palabra latina, *communis,* que significa "común". Las preguntas nos ayudan a conectarnos a través de una unión común de valores e ideas. Como dice John Maxwell: "Las buenas preguntas hacen que tus clientes digan, 'Yo también' en lugar de '¿Y qué?'"[3].

◆ **Fomentan la participación.** Cuando estás hablando, no tienes ni idea de lo que piensa tu cliente. Lo único que sabes es que él debe estar preguntándose: "¿Cuándo se irá a callar?" O "Ya lo sabía". Las preguntas adecuadas mantienen comprometido a tu cliente.

♦ **Disminuyen la resistencia.** La típica respuesta predeterminada de los vendedores cuando un prospecto les sigue diciendo "no" es seguirle vendiendo la misma idea. En lugar de eso, haz preguntas como: "¿Por qué dices eso?", "¿Por qué sientes que es demasiado caro?".

♦ **Mueven a la acción.** Típicamente, las afirmaciones activan las habilidades lógicas y analíticas de nuestro cerebro. Las preguntas, por otro lado, desencadenan habilidades creativas y emocionales. Las afirmaciones hacen que nuestros prospectos piensen y las preguntas los hacen actuar.

El precio de "no preguntar"

Corey vende casas nuevas para Strident Development Group. Durante los últimos 26 años, ella ha mantenido el segundo y el tercer puesto en ventas en toda la empresa. Sin embargo, de un tiempo para acá, pareciera no poder hacer ni una venta.

Corey está confundida. El dueño del negocio acaba de poner a la venta un hermoso conjunto residencial construido bajo un concepto bastante novedoso. Esa parece una combinación perfecta para sus clientes. Por fin podrá vender casas de cuatro dormitorios y no solo apartaestudios. Además, el nuevo conjunto cuenta con unas instalaciones que incluyen un club deportivo muy completo, guardería y restaurante. ¡Corey cree tanto en ese producto que compró una casa para ella! Entonces ¿por qué sus clientes no compran?

Corey sospecha que parece que los clientes prefieren el lado oeste de la ciudad y que las tarifas de mantenimiento en este nuevo conjunto son demasiado altas.

Sin embargo, la verdad es que su falta de ventas no tiene nada que ver con sus clientes y sí todo que ver con *ella*.

Les hice a Corey y al resto del equipo algunas preguntas (¿qué apropiada, verdad?) que revelaron una pista inusual. Desde que su nuevo producto entró en escena, el equipo de ventas estaba disminuyendo consistentemente su tiempo de presentación casi a la mitad. A medida que fui profundizando en el asunto, se hizo evidente que casi toda la fuerza de ventas experimentada había reducido su tiempo de presentación en un 38%.

¿Por qué?

Resultó que, en su entusiasmo por ofrecer soluciones, ellos estaban acortando o eliminando por completo el paso de descubrimiento.

Neil Rackham, autor de *Spin Selling,* descubrió la razón detrás de este mismo fenómeno en un estudio que hizo con respecto a unos vendedores principiantes de Xerox. Allí, los vendedores nuevos fracasaban rapidísimo: eran increíblemente exitosos fuera de la empresa. Pero después de 18 meses, como por reloj, se estrellaban y se quemaban. ¿Cuál fue su conclusión? Que, una vez que los vendedores se habían convertido en los llamados expertos, comenzaban a anticiparse a las objeciones de los clientes y a ofrecerles soluciones genéricas. Además, estaban tan entusiasmados con su oferta que dejaban de escuchar y empezaban a vender antes de descubrir las necesidades individuales de los compradores[4]. Veo que esto sucede todo el tiempo. En medio de su inocencia y entusiasmo, los nuevos representantes suelen vender como locos.

Luego, varios meses después, se sienten más expertos y comienzan a dar demasiada información, a despejar objeciones que sus clientes ni les hacen y, en última instancia, terminan por perder la venta.

En su webinario "Why Salespeople Fail", Mike Bosworth (quien trabajó con Rackham), creó un término para esta conducta. La llama "elaboración prematura"[5]. ¿Eres tú una víctima del Síndrome de Elaboración Prematura?

Muchos vendedores, como Corey, se entusiasman tanto por su producto que asumen que quienes los rodean compartirán su entusiasmo. Se olvidan de hacer las preguntas que revelarán los verdaderos sentimientos de sus clientes y, deseosos de demostrar su inteligencia y conseguir el trato, ignoran los verdaderos motivadores y las señales de compra de sus prospectos.

Hacer buenas preguntas durante el descubrimiento —y a lo largo del proceso de ventas— no solo te ayuda a descubrir las necesidades del comprador, sino a adaptar el resto de tu presentación de ventas a tales necesidades.

Los vendedores de antes solo necesitaban proporcionar información. Pero hoy en día, los compradores pueden encontrar toda la información que necesitan en línea. Así que los vendedores actuales necesitan *interpretar* esa información, hacer preguntas y luego despertar en los clientes la necesidad emocional por su producto. Pocos vendedores le muestran al cliente cómo se sentirán como resultado de usar su producto o servicio, pero este vínculo emocional marca la diferencia entre los vendedores, los líderes y las empresas que inspiran y aquellos cuyas carreras expiran antes de tiempo.

Ejercicio: identifica tus preguntas de descubrimiento

No podemos hacer esta conexión emocional con preguntas aleatorias. De hecho, hacer las preguntas equivocadas en el momento equivocado confunde a tus clientes. Habrás oído que hay quien dice que no hay tal cosa como una pregunta estúpida. Hay toneladas de preguntas estúpidas. Los vendedores son especiales para hacer preguntas irrelevantes e innecesarias.

Harás muchas más ventas formulando una serie de preguntas específicas, reflexivas y empáticas durante el descubrimiento que haciendo una presentación perfecta.

Anota todas las preguntas que harás o que creas que deberías hacer durante este paso del proceso de ventas.

He observado que, si te adhieres a estas preguntas que tienes escritas, no sucumbirás a un principio sicológico llamado *sesgo retrospectivo*. El sesgo de retrospección ocurre cuando sentimos que sabíamos algo todo el tiempo. En mis seminarios en vivo, si establezco qué preguntas hacer, los vendedores a menudo sienten como si ellos también las hubieran hecho. Sin embargo, cuando son ellos los que escriben sus preguntas primero que yo y después yo les leo las mías, a menudo se sorprenden de cuántas preguntas les estaban haciendo falta —y así comprenden por qué el no hacerlas les está costando perder tantas ventas valiosas.

Conserva tu lista. La necesitarás en algún momento.

Viaja por la ruta más directa: despeja los cuatro grandes interrogantes

¿Te imaginas lo que sería conducir de un extremo al otro del país sin instrucciones? Así, tal vez llegarás a tu destino, pero es indudable que sin un mapa o GPS, tardarás mucho más tiempo del necesario.

Tus clientes pueden no ser tan flexibles. Cuando tu presentación es demasiado larga o desenfocada debido a la falta de precisión, tus clientes, para continuar la analogía, pueden, simplemente, *quedarse sin gas.* Tus clientes de hoy están ocupados. Se sienten abrumados. Las conversaciones callejeras, que no tienen ninguna relevancia para ellos, son una molestia. Tu función es mantenerlos a toda velocidad, conduciendo por la carretera interestatal, sin desviarlos por las vías secundarias.

Tu trabajo consiste en hacerles preguntas cuyas respuestas te permitan proporcionarles soluciones específicas a sus necesidades —que den respuesta a QHPMEE o "¿Qué hay para mí en esto?". Estas deben seguir un orden lógico. En otras palabras, comienza recopilando hechos y luego avanza hacia preguntas más profundas que develen los problemas y motivadores emocionales de tus clientes.

En la siguiente sección, explicaré cómo utilizar mi metodología de ventas de tercer nivel durante el proceso de descubrimiento con el fin de despejar los que yo llamo los "cuatro grandes interrogantes". Estos son:

1. Cuáles son los datos sobre la situación actual de tu cliente. Utiliza preguntas de primero y segundo nivel.

2. Cuál es el motivo de compra dominante. Utiliza preguntas de tercer nivel.

3. Cuál es el problema. Cava profundamente hasta determinar las implicaciones del problema.

4. Cuáles son las objeciones o preocupaciones ocultas.

Lo que sigue es el mapa que necesitarás para hacer las preguntas correctas.

Venta de tercer nivel

Hace años, cuando empecé a vender las propiedades vacacionales compartidas, creé niveles de preguntas que me ayudaron a descubrir los motivadores emocionales de mis clientes. Llamé a esta metodología *la venta de tercer nivel*. Comencé en mi oficina. Decidí ayudarles a otros vendedores a utilizar preguntas de tercer nivel para conectar con clientes: había descubierto mi nicho.

Comencé a darme cuenta de que, si pudiera hacer esto para ayudarles a individuos, también podría hacerlo con equipos; y si podía hacerlo con equipos, también podría ayudarles a las empresas a aumentar sus ingresos y transformar sus culturas.

Esta técnica nos ayuda a llegar a la esencia de las razones reales que tienen los clientes para comprar. La idea es comenzar con los hechos e ir indagando mediante preguntas más profundas que nos permitan descubrir las motivaciones del comprador:

- Las preguntas de primer nivel revelan "hechos".

- Las preguntas de segundo nivel revelan "sentimientos respecto a esos hechos". Estas preguntas que sirven de puente nos llevan un poco más cerca de los motivadores emocionales básicos del cliente.

- Las preguntas de tercer nivel revelan la "conexión emocional" —las razones emocionales más profundas por las que la gente compra.

He aquí un ejemplo de venta de tercer nivel en acción:

Pregunta de primer nivel del vendedor *(hechos)*: ¿Ya tienes tu póliza de seguro de vida?

Prospecto: no. Nunca he sentido la necesidad de una.

[¿Es esta respuesta suficiente para que él consiga la venta? Probablemente no lo sea. Debe seguir con una segunda pregunta de segundo nivel].

Pregunta de segundo nivel del vendedor *(sentimiento respecto al hecho)*: ¿Piensas que sería buena idea adquirir una ahora?

Prospecto: tal vez. Tenemos dos niños pequeños. [Se está acercando].

Pregunta del tercer nivel del vendedor *(conexión emocional)*: *¿Por qué* crees que sería importante tener una póliza?

Prospecto *(piensa por un momento)*: Si algo me pasara, mi esposa tendría que ir a trabajar y los niños se quedarían solos durante el día. No soportaría poner a mi familia frente a ese tipo de estrés.

Vendedor: ¿O sea que tener una buena póliza te daría mucho más seguridad?

Prospecto: Sí, si tuviera un precio razonable.

¡Bingo! ¿Cuál fue la razón de tercer nivel del cliente para comprar? Por seguridad y por su familia. Cuanto más emocional sea la respuesta, más urgencia crearás.

¿Funciona de negocio a negocio la venta de tercer nivel (NaN)?

Las empresas tienen la responsabilidad de velar por sus resultados finales. Ellas quieren saber cómo tu solución afectará sus ingresos, disminuirá la cantidad de objeciones en sus negocios y mejorará el nivel de satisfacción del cliente.

Pero recuerda: las organizaciones están dirigidas por individuos. Ellos también tienen motivaciones emocionales subyacentes que impulsan su toma de decisiones, ya sea que se traten de quedar bien delante del jefe, aliviar el estrés o construir un ambiente de trabajo más satisfactorio. *Las personas, no las instituciones, toman decisiones.*

Con esto en mente, recuerda que, cuando les vendes a las empresas, estos motivadores pueden estar ocultos bajo la superficie. Es tu trabajo descubrirlos y mostrar cómo estos están conectados a aspectos como ingresos, retención y reputación.

He aquí un ejemplo de venta de tercer nivel en un contexto de negocio a negocio (NaN):

Pregunta de primer nivel del vendedor *(hechos)*: ¿Por cuánto tiempo es tu contrato actual con el proveedor de la copiadora?

Prospecto: me parece que está vigente por otros 12 a 18 meses, creo.

Pregunta de segundo nivel del vendedor *(sentimiento respecto al hecho)*: ¿Estás satisfecho con su servicio?

Prospecto: Parece que está bien.

[En este punto, el vendedor novato saltaría directo a hablar del ahorro en el precio. Pero el vendedor de tercer nivel estaría escuchando con toda su atención].

Vendedor: dices que te "parece que está bien". Si pudieras cambiar algo, ¿qué sería?

Prospecto: bueno, tenemos que transportar las copiadoras por toda la ciudad para prestar el servicio.

Pregunta del tercer nivel del vendedor *(conexión emocional)*: ¿Cómo te afecta personalmente?

Prospecto *(piensa por un momento)*: los empleados odian tener que salir de la tienda por medio día y los clientes a menudo tienen que esperar por su producto. Se atrasa la producción.

Vendedor: ¿Cuánto te cuesta todo ese tiempo de inactividad?

Prospecto: es difícil decirlo, pero no es lo ideal.

Vendedor: así que, además de ahorrar dinero en tiempo de inactividad, tener servicio en el sitio ¿mejoraría los ánimos y el servicio al cliente?

Prospecto: sí, supongo que sí.

Vendedor: ¡Mejorarías mucho tu atención durante el primer año!

Prospecto: ¿Cuánto cuesta?

Recuerda por qué los prospectos compran

Cuando se trata de vender, el corazón siempre interviene antes que la cabeza. Si estás en un equipo que te inspira, o tienes un jefe que te motiva, sabes que ese líder no solo te dio instrucciones sobre cómo hacer las cosas, sino que *te inspiró* a hacerlas de corazón, a que te sientas emocionado frente a tus compromisos. Así que, bien sea que estés vendiendo lecciones de baile, bienes raíces, software o seguros de vida, recuerda que la gente también compra por emoción y justifica sus decisiones con la lógica *después del hecho*.

Para refrescarte la memoria, aquí están los siete factores emocionales que intervienen en todo aspecto del comportamiento humano (Capítulo 2). Esta vez, también he incluido el miedo asociado con la ausencia de cada motivador.

Evite el yunque

Cuando se trata de motivación, todas las decisiones son un intento por avanzar hacia el placer o alejarse del dolor[6]. Pero recuerda que el deseo de evitar el dolor inmediato es más motivante que nuestro deseo de placer. En las caricaturas del Correcaminos, el Coyote se movía más lentamente para encontrar comida que para evitar que el yunque cayera sobre su cabeza.

Esperanza para ganar	Miedo a la pérdida
Seguridad	Muerte
Aventura	Aburrimiento
Significado	Falta de significado, no legado
Relaciones	Falta de significado, no legado
Salud y bienestar	Enfermedad
Éxito/Sentido de propósito	Confusión, desesperación
Crecimiento y educación	Ignorancia

Aquí está la parte divertida: ¿recuerdas cuando te pedí que escribieras las preguntas que normalmente haces durante el descubrimiento? Échale un vistazo a tu lista. Sabiendo que la gente compra por razones emocionales, o de tercer nivel, pregúntate: "¿Estoy haciendo suficientes preguntas de tercer nivel?". ¿Estás haciendo por lo menos una?

Si los clientes compran por razones de tercer nivel, ¿por qué no estás haciéndoles preguntas de tercer nivel?

Formula preguntas que aumenten tu participación en el mercado

Si descubriste que no haces suficientes preguntas de tercer nivel, no estás solo. La mayoría de los vendedores no las hacen. Por ejemplo, Justin está a cargo de la división de ventas corporativas de un importante minorista que vende franquicias a empresarios de todo el mundo por un monto de $200.000 cada una. Su compañía —llamémosla "SunnyFish"— retiene una gran parte de los beneficios.

Justin es encantador, carismático y lleno de energía. Piensa que, aunque hace buenas ventas, podría vender más.

"Muéstrame tus preguntas de descubrimiento", le pedí. Se quedó callado.

"Bueno, en realidad no tengo nada escrito", admitió. "Las hago de acuerdo a lo que siento".

Hicimos un ejercicio de juego de roles y, como suele suceder, la mayoría de sus preguntas fueron de primer nivel:

1. ¿Alguna vez has sido propietario de un negocio?

2. ¿Cómo está el puntaje de tu crédito?

3. ¿A quién emplearías para que te ayude?

"Bueno", le dije. "Esas son excelentes preguntas de *calificación*, pero no te ayudarán en nada para que tus prospectos quieran comprar una franquicia. Tienes que averiguar qué es lo que los hace sentirse motivados. Las preguntas de tercer nivel, bien elaboradas, generan una necesidad hacia tu producto que ellos no tenían al comienzo de la charla".

Al principio, Justin pareció perplejo, pero también abierto a mi sugerencia, así que proseguí a explicarle cuáles son los tres niveles de preguntas. Luego, entre juntos elaboramos una lista de solo preguntas de tercer nivel:

1. ¿Por qué quieres estar en el negocio por ti mismo?

2. ¿Qué significaría para ti ser tu propio jefe?

3. ¿Por qué sería importante?

Lo que comenzó a suceder fue milagroso. Los clientes potenciales, ya no solo estaban reaccionando metódicamente a sus emociones y respondiendo a las preguntas de calificación, sino que ahora las preguntas de Justin les estaban ayudando a abrir sus corazones hacia nuevas posibilidades. Las preguntas mismas eran el instrumento para removerles algo muy profundo dentro de ellos y los llevaban a la acción.

"No hay atajo para ganar ventas", le dije a Justin. "Debes preparar las preguntas difíciles y practicarlas de antemano".

El secreto para obtener respuestas de tercer nivel es pisar lentamente al principio. Haz preguntas de primer nivel antes de pasar a las preguntas más útiles —que son las de tercer nivel. Sabrás que ha llegado el momento de hacerlas cuando la respuesta que recibas esté relacionada con uno de los siete motivadores dominantes —o con sus miedos— y percibas un cambio demostrable en el estado emocional de tu cliente.

Justin me llamó el mes siguiente. ¡Sus ventas habían subido un 42%!

Profundiza: haz preguntas de tercer nivel

Los vendedores de alto rendimiento formulan preguntas tan precisas que estas hacen que los clientes vean sus negocios o su vida de manera diferente.

1. **Pregunta por qué:** cuando preguntas "quién, qué, cuándo y dónde", a menudo obtienes una respuesta de primer nivel. Por otro lado, las preguntas con "por qué" suelen llevar al cliente al tercer nivel.

2. Cuéntame más: cuanto más escuches, más tus clientes compartirán contigo sus opiniones y anhelos. Utiliza frases como "Cuéntame más" y "¿Entonces qué pasó?". Asegúrate de sonreír y asentir con la cabeza (a menos que vendas lotes de cementerio o entierros a la orilla del mar).

3. Descubre las prioridades de la vida: también necesitamos hacer la gran pregunta: "¿Qué es lo más importante en tu vida?". Sin embargo, en lugar de hacerla directamente, comienza preguntándole al cliente cómo podría él darle prioridad a tu oferta. Por ejemplo:

- En una escala de 1 a 10, ¿qué tan importante es para ti comprar una segunda propiedad?

- En una escala de 1 a 10, ¿cuán importante es para ti la libertad financiera?

- En una escala de 1 a 10, ¿qué tan importante es para ti encontrar el proveedor adecuado?

Digamos que responden un 1, o incluso un 4. Ante esta respuesta, muchos vendedores renuncian porque creen que sus clientes no están interesados, pero eso no es del todo cierto. Las preguntas bien elaboradas de tercer nivel revelan interés cuando, a primera vista, parecería que no hay ninguno.

Ante este tipo de respuestas, los vendedores expertos formulan en seguida la pregunta: "¿Qué sería para ti un 10?". Cuando vendes con el corazón, descubres los motivadores básicos de tus clientes y sabes cómo vincular tu producto con ellos y como resultado surge una verdadera urgencia.

<u>Llévalo a la acción</u>

Despeja los "cuatro grandes interrogantes"

1. Obtén los datos con respecto a la situación actual de tu cliente mediante preguntas de primero y segundo nivel

Meta: Hacer *preguntas que revelen la situación actual o el statu quo del cliente*

Preguntas de primer nivel entre el vendedor y el consumidor:

1. ¿Has utilizado este tipo de programa antes?

2. ¿Qué / Cuál usas ahora?

3. ¿Te gusta?

4. ¿Con qué frecuencia lo usas?

5. ¿Cuántas veces has… [Rellena el espacio en blanco]?

Preguntas de primer nivel entre vendedor y negocio

1. ¿Cuánto tiempo llevas trabajando para esta empresa?

2. ¿Qué plataforma usas ahora?

3. ¿Qué sistemas de rendición de cuentas utilizas para medir y monitorear el desempeño? ¿Qué más mides? ¿Por qué?

4. ¿Cuántos empleados tienes? ¿Cuánto volumen de negocios tienes?

5. ¿Trabaja tu equipo con eficacia?

Haz preguntas como estas

Las preguntas de segundo nivel son un seguimiento a tu primera pregunta. Tus prospectos acaban de compartir contigo ciertos hechos. Ahora, lo más importante es que las preguntas de segundo nivel te sirvan de puente hacia las preguntas de tercer nivel más poderosas.

2. Averigua qué motivaciones predominan a la hora de la compra haciendo preguntas de tercer nivel

Meta: Hacer *preguntas que revelen las razones emocionales o de tercer nivel por las cuales tu prospecto va a comprar: sus esperanzas y temores.*

Preguntas de tercer nivel

1. ¿Por qué estás interesado en este modelo?

2. ¿Por qué ahora? ¿Por qué estás interesado específicamente en este software para tus empleados?

3. ¿Qué es importante para ti en unas vacaciones?

4. ¿Todavía hay algo que te gustaría lograr?

5. ¿Por qué es importante para ti tener un plan de seguro?

6. ¿Por qué deseas redecorar tu hogar?

7. ¿Qué harías con el dinero extra?

8. ¿Por qué aceptaste este nuevo empleo?

9. ¿Cómo te afecta personalmente este problema?

10. ¿Qué crees que necesitas para cumplir tu función en esta empresa?

3. Identifica el problema y profundiza en él hasta determinar sus implicaciones

Meta: Identificar *un problema que tu producto solucione. Pero no te detengas allí. Haz que tus clientes comprendan cuáles son las implicaciones más profundas de ese problema.*

Problemas comunes que tus preguntas pueden desenterrar

* No hay tiempo suficiente
* Mal servicio al cliente
* Poca calidad
* Difícil de usar
* Demasiado lento
* Demasiado caro.

Las siguientes preguntas te ayudarán a descubrir estos problemas

* ¿Estás buscando una solución rápida o unos resultados duraderos?
* Si pudieras cambiar algo, ¿qué sería?
* ¿Cuál ha sido tu peor experiencia con…?
* ¿Siempre ha sido así? (Haz que tu prospecto recuerde cómo se sentía *antes* de que ocurriera el problema).
* ¿Qué pasará si no haces nada?
* ¿Qué tan grande es el problema, en una escala de 1 a 10?
* ¿De quién será la responsabilidad si este problema no se soluciona?
* ¿Estás comprometido a lograr el cambio?
* ¿Por qué ahora?

Por supuesto, encontrar el problema no siempre es suficiente para hacer que el cliente quiera cambiar el *statu quo*. También es necesario dejar al descubierto sus implicaciones más serias y hacer notar que son tan tangibles que tu cliente quiera pagar cualquier precio con tal de hacer que desaparezcan, si es ese fuera realmente el caso.

Por ejemplo, el otro día, un grifo estaba goteando en el baño principal de nuestra casa. Yo estaba ocupada y quería ignorar que eso estaba sucediendo, pero mi esposo señaló que, si no llamaba a un fontanero, nos arriesgábamos a arruinar nuestros pisos de madera. ¿Cuál fue el impacto de este problema sobre mí? Bueno, de alrededor de $10.000 dólares. Llamé de inmediato al plomero y muy feliz le pagué los $650 dólares por los que él arreglaría el problema del grifo. No era suficiente para mí saber que había un problema; tuve que ver con total claridad cuáles serían las consecuencias de no resolverlo. Cuanto más grave y costoso sea el problema de tu cliente, más urgentemente él querrá resolverlo.

Una de mis consignas favoritas es: "Tarde o temprano, se descompondrá y tendrás que llamar a AAA". La implicación es que el costo de una membresía en AAA es minúsculo en comparación con el costo de quedarte varado a un lado de la carretera con humo saliendo de tu motor y sin nadie a quien llamar.

Del mismo modo, Fram Oil Filter solía tener anuncios que decían: "Tú decides si prefieres pagarme ahora o más tarde". Insisto: no es solo cuestión de resaltar el problema, *sino también el costo de no resolverlo de inmediato*. Sigue preguntándole a tu prospecto por qué es este un problema, por qué él no puede resolverlo por sí mismo y lo que sucederá si no lo resuelve. Se pierden más ventas de las que te imaginas cuando los vendedores no internalizan este concepto, ni actúan basados en él.

4. Descubre las objeciones o preocupaciones ocultas

Meta: Incluso *tus mejores clientes tendrán algunas preocupaciones que los retienen de hacer su decisión de compra. Haz preguntas que te ayuden a identificar y afrontar estas objeciones ocultas.*

Nuestra oficina obtiene más solicitudes para hacer seminarios que traten sobre el tema de cómo hacer el cierre y manejar objeciones, que sobre todos nuestros otros temas juntos. ¿Cuál es el problema? Superar las objeciones finales no es tan productivo como descubrirlas desde el comienzo. Si tú tienes antojos de tacos de pescado, yo necesito saberlo antes de comenzar a ofrecerte hamburguesas de bisonte.

¿Conoces la expresión: "Cero preguntas, cero objeciones, cero venta"? Es tu trabajo descubrir todas las objeciones y preocupaciones posibles antes de proponer la compra. Lo más probable es que recibirás un "no" ahora o que lo recibas más tarde. Mejor es recibirlo ahora mientras todavía tienes tiempo para aclararlo y superarlo. Por lo general, las objeciones durante el descubrimiento son preconcebidas, pero otras objeciones aparecerán durante la llamada de ventas y es tu deber determinar su validez y superarlas a medida que surjan.

Objeciones comunes

- Puedo comprarlo más barato u obtener uno mejor en otro lugar.

- No lo necesito.

- No creo / No te creo.

- No puedo permitírmelo.

- Es demasiado complicado, demasiado esfuerzo.

Las siguientes preguntas te ayudarán a descubrir mejor las objeciones:

1. ¿Alguna vez has considerado la posibilidad de adquirir este tipo de producto? ¿Por qué lo compraste o no lo compraste?

2. ¿Qué ha cambiado?

3. ¿A quién más has contactado para adquirir este tipo de producto? ¿Qué te gusta de esa oferta?

4. ¿Qué dirían tus amigos, jefe o familia si compras esto?

5. ¿Cuáles serían los mayores desafíos al implementar, comprar o ser dueño de esto?

Cómo hacer buenas preguntas

La forma en que pides es tan importante como lo que sea que estés pidiendo. A menudo, los vendedores memorizan preguntas que provocan a la reflexión, pero las hacen de manera desagradable. Los compradores retroceden cuando perciben que estás tratando de profundizar demasiado o con mucha rapidez. Se resienten cuando les pides que llenen una lista de preguntas predeterminadas sin mostrar un interés personal en cada respuesta. Se sienten manipulados cuando les disparas soluciones una tras otra sin antes profundizar en sus sentimientos, ni en el verdadero problema.

Por el contrario, cuando sueles ser curioso y reflexivo —e incluso haces preguntas que los sorprenden— tus prospectos te respetan y se conectan contigo. Repite con cierta frecuencia lo que estás escuchando y tus prospectos se sorprenderán. En mi experiencia, he tenido clientes que, desde antes que yo les haya mostrado nada, me dicen: "¡Este es el mejor producto que he visto hasta ahora!". Todo porque, simplemente, yo los escucho y lo único que hago es repetir lo que me dijeron acerca de lo que les gusta y no les gusta, y ellos se sienten muy bien ante mis palabras.

Como la forma de pedir lo que solicitas es tan importante como lo que pides, he escrito una lista completa de pasos de acción para elaborar buenas preguntas durante el proceso de descubrimiento y de ahí en adelante.

1. Pasa de lo general a lo específico

Me gusta comenzar mi descubrimiento con una propuesta muy general como: "Háblame de ti y de lo que haces en tu empresa", "Cuéntame sobre ti y sobre tus programas de entrenamiento".

Presta atención a si tu prospecto responde a tu pregunta o te dice algo distinto. (Tal vez te diga: "Estamos mirando" o "No estamos contentos con el servicio que recibimos por parte de tu empresa", por ejemplo). Su respuesta te indicará lo que está en su mente y en su corazón.

2. Permite que el cliente termine su secuencia de ideas

¿Has oído el dicho: "El que primero habla, después de una pregunta de cierre, pierde"? Bueno, ¡de eso se trata! Lo mismo ocurre durante el descubrimiento. Los clientes tienen más probabilidades de ser vulnerables cuando les das un poco de espacio. Me parece que los vendedores a menudo no logran soportar la presión implícita en un momento de silencio, motivo por el cual se apresuran a llenar ese vacío. Sé lo suficientemente curioso como para escuchar lo que dice el cliente. Lo que tú piensas que es el "final de la comunicación" puede ser solo un momento de larga y reflexiva pausa.

3. Elogia, no critiques

No pongas a tus clientes a la defensiva o reaccionarán cerrándose. A menudo, oigo a vendedores que, de manera equivocada, insultan las opciones de sus clientes con comentarios como:

- "Que el paquete de software de aprendizaje que utilices no sea de código abierto. Ese es inferior al nuestro".

- "¿Acampas cada año? ¡Terrible! Deberías considerar la posibilidad de mejorar tus vacaciones".

El año pasado, mi familia y yo viajamos a un refugio de pesca con mosca en Alaska. Un huésped le dijo una vez a Max, el dueño: "Siendo responsable de este lugar, debes tener dolores de cabeza sin parar". Ante esto, Max se puso a la defensiva y le respondió de inmediato: "Me pagan por pescar y volar en un avión flotador. ¡Me encanta!". A los dos días, otro invitado le dijo que su sueño era poseer un refugio de pesca y Max le confesó: "¡Es un oficio ininterrumpido porque hay que arreglar los calentadores, entrenar a los guías e instalar nuevas bombas de gas!" como regla general, cuando le dices a alguien qué es lo negativo de su elección de un producto o de una idea, esa persona te dirá todo lo positivo al respecto. Y cuando la felicitas por sus elecciones, lo más probable es que te revele los inconvenientes que ellas implican.

4. Acompaña a tu cliente

Demasiados vendedores les entregan las encuestas a sus clientes y se alejan o les envían preguntas de descubrimiento en línea. Tu cliente te da respuestas más completas y profundas cuando te quedas con él a lo largo del proceso de descubrimiento. Cada vez que me piden que llene una encuesta en un consultorio médico, yo doy las respuestas más breves posibles y omito todo lo que pueda. Tus clientes no actúan diferente.

5. Volar en piloto automático durante el descubrimiento no es una opción

Anota todas tus preguntas para asegurarte de que cada una sea intencional y produzca uno de los cuatro tipos de respuestas que describí anteriormente en este capítulo. Si ya has escrito preguntas de descubrimiento, asegúrate de que cada una encaje en una de las cuatro categorías.

6. Averigua el resto de la historia

En el Capítulo 5 propuse unas técnicas para construir relaciones cuando pareces tener poco en común con tus prospectos. Las preguntas de seguimiento en el paso de descubrimiento no solo crean una mayor conexión, sino que también revelan información crucial.

Haz preguntas, escucha las respuestas y luego úsalas para hacer la siguiente pregunta significativa. Por lo general, tus prospectos solo responderán a las preguntas que les hagas, ni más ni menos.

Cuando hagas una pregunta, profundiza haciendo preguntas de seguimiento para obtener el resto de la historia. Me encanta ilustrar este punto en los seminarios con un clip de la película *El retorno de la Pantera Rosa*.

La escena comienza con el inspector Clouseau entrando a un hotel alemán. Allí, ve a un perro pequeño sentado al lado del hotelero y, cuando intenta acariciarlo, pregunta: "¿Muerde su perro?".

El hotelero responde: "No".

Entonces, Clouseau procede a acariciarle la cabeza al pequeño perro, pero este se enoja y lo muerde ferozmente.

"¡Dijiste que tu perro no mordía!", le reclama Clouseau llorando.

El hotelero le responde: "¡Ese perro no es el mío!".

¿Qué sigue?

Ahora que has despejado los cuatro grandes interrogantes, ¿qué haces con esa información? Bueno, para empezar, necesitamos asegurarnos de que la información que recibimos es en realidad lo que nuestro cliente quería decirnos. Los vendedores de alto rendimiento no solo descubren información esencial, sino que la confirman.

Descubrir y confirmar las prioridades de vida de tus clientes y los retos es un comienzo, pero no es posible cambiarles sus prioridades con una presentación de ventas, por muy dinámica que sea. Tú *no puedes* hacer que, de la noche a la mañana, tu tecnología, tu medicina, tu auto, tu plan financiero o lo que sea que vendas se convierta en la mayor prioridad en la vida de tus clientes. Lo que sí puedes hacer es averiguar cuáles son sus prioridades de vida y vincular tu producto a ellas.

Esta técnica genera urgencia en ellos —la necesidad de comprar *al instante.* ¿No te gustaría que tus clientes no solo compraran, sino que sintieran la necesidad urgente de hacerlo? Ese es el tema del próximo capítulo.

CAPÍTULO 8

El compromiso emocional precede al compromiso económico

Verdad universal #8: la mayoría de los vendedores asume de manera equivocada que logrará crear un sentido de urgencia en sus prospectos mediante la amenaza de escasez de su producto o apelando a la codicia. Pero si ellos no quieren lo que les estás vendiendo, no les importará si solo te quedan dos de tus productos o ninguno. (¿Alguien quiere comprar una carroza? ¡No más hoy está en venta! ¡Y estoy entregándola con herraduras gratuitas!) En este capítulo, veremos algunas maneras de involucrar a los clientes con historias y aprenderemos a construir urgencia demostrándoles de qué maneras sus motivaciones están conectadas con tu producto.

El ascensor mágico

Hace décadas, cuando los ascensores todavía eran manejados por operarios a lo largo y ancho de la Ciudad de Nueva York, una pequeña muchedumbre se cernía frente a la entrada de la estación 181del metro, peleándose por caber en el ascensor que manejaba

Bruce Renfroe, que conducía hasta las vías inferiores[1]. Al comienzo, el elevador era tan apestoso como ninguno otro en Manhattan. Vivía hediondo de grasa, con el piso cubierto de goma de mascar y era tan pequeño que producía un sentimiento de claustrofobia y confinamiento. Pero Bruce tomó esa asfixiante caja e hizo de su viaje en ella una experiencia por la cual sus "clientes" esperaban.

Un día, Bruce pegó en una de las paredes del ascensor una ilustración que arrancó de una revista de vajillas porque le gustó el patrón impreso en ella. La ilustración recibió gran atención de los usuarios y, poco después, uno de ellos pegó una foto de un caballo de pura raza. Otros siguieron el ejemplo hasta que las paredes del ascensor estuvieron, prácticamente, empapeladas con brillantes imágenes de toda clase de productos, desde palos de golf hasta barcos de crucero y guitarras. Bruce trajo un jarrón de flores frescas y las colocó en una esquina. Le encantaba el sonido fresco de la música de jazz, así que conectó su reproductor de casetes a un pequeño altavoz y comenzó a compartir las suaves melodías de Louis Armstrong y Duke Ellington.

Solo faltaba un detalle: colocar una cesta en una de las esquinas traseras y dejar caer en ella un par de latas de sopa de tomate. "¿Para qué es eso?", le preguntó un pasajero.

"Es para los necesitados", replicó Bruce, sonriendo.

Los pasajeros fueron añadiendo Cheerios, fideos y frijoles enlatados. Bruce recogía hasta mil libras de comida cada mes.

No te imaginas lo que ocurrió después. Una tarde lluviosa, Bruce llegó para hacer el último turno y descubrió que su ascensor había sido despojado. Ni una sola imagen, ni una sola flor y, peor aún, tampoco estaba la cesta para los necesitados. Un pez gordo del ayuntamiento había oído hablar del ascensor de Bruce y concluyó que todas esas decoraciones estaban en contra de las regulaciones estatales. Cuando los pasajeros se apresuraron para pasar del tren al ascensor, quedaron consternados. "¿Dónde están todas las cosas?".

Bruce les explicó sobre las políticas de la ciudad y, al abrir las puertas, algunos pasajeros bajaron, pero la mayoría se quedó donde estaba. "Bruce, llévanos contigo, para que podamos hablar con el jefe principal del ayuntamiento".

Al llegar a la parada, salieron del ascensor y rodearon al presidente de la Autoridad de Tránsito de la Ciudad de Nueva York y le dijeron que montar en el elevador de Bruce era la parte más reconfortante de cada uno de sus días. Nadie quería ver que ni una sola cosa dentro del elevador cambiara. El presidente tuvo que ceder. Al final del turno, todo en el elevador estaba justo allí, donde pertenecía.

¿Qué estaba pasando en ese trayecto de tres minutos en aquel ascensor? ¿Cómo fue Bruce capaz de cambiar el día entero de estas personas en solo tres minutos? Sea lo que fuere, él hizo que los ocupados neoyorquinos tomaran tiempo de su día para defender a aquel extraño conocido, de preocuparse profundamente por algo que —para todos los demás en la ciudad— era un tema de cero consecuencias. Los neoyorquinos son conocidos por su tendencia a evitar la interacción personal. Ellos meten su cabeza en los periódicos, ahogan las voces de quienes los rodean con sus auriculares y le gruñen a cualquiera que se atreva a hacer contacto visual con ellos. (Como un comediante una vez bromeó: "En los subterráneos de Nueva York, hacer contacto visual con alguien es darle permiso para matarte").

¿Te recuerda eso a cualquiera de tus clientes? Entonces, ¿cuál es la fórmula para llevar a una persona de la sospecha y la desvinculación a la calidez, la receptividad y el compromiso? En otras palabras, ¿qué podemos aprender de Bruce?

Bruce llenó una necesidad humana básica; supo darle un sentido de comunidad a una cantidad de personas desconocidas y desconectadas. Mostró cómo era posible crear mucho con muy poco. Sin embargo, yo creo que hizo algo mucho más vital. En un instante, cambió el estado emocional de sus pasajeros brindándoles una experiencia emocional que los hacía sentirse bien y esta los llevó a tomar una acción inmediata. Tú también puedes aprender a hacer exactamente lo mismo.

¿Por qué es tan importante afectar el estado emocional del cliente? *Porque las emociones hacen que la gente actúe.* Una presentación de ventas que genera una experiencia profunda, memorable y emocional, junto con un producto que satisface los deseos y necesidades de tus clientes, resulta en un fenómeno al cual yo llamo *urgencia emocional.*

Consigue el permiso de tu prospecto

Si has estado en las ventas por más de un minuto, es muy probable que te hayan enseñado a crear urgencia en tus prospectos de una de las siguientes maneras:

◆   Dejando en claro que tu oferta caduca.

◆   Ofreciendo extras que dependan de la compra inmediata.

◆   Anunciando un aumento de precio o una pérdida de incentivos.

Déjame hacerte una pregunta. A pesar de tus mejores esfuerzos para crear urgencia, ¿sigues escuchando respuestas como "Necesito pensar en ello", "Tengo que revisar nuestro presupuesto" o "Este no es el momento indicado"?

Si eres como la mayoría de los vendedores con quienes hablo, la respuesta es "sí".

Pero te tengo noticias. Si nadie quiere o no necesita lo que estás vendiendo, tampoco le importa si solo te quedan dos de tus productos, ni si el precio sube la próxima semana. Tú no puedes secuestrar la mente de tus clientes y hacer que ellos se interesen en tus incentivos. Tampoco puedes crear urgencia sin su permiso. Sin embargo, te lo darán si están emocionalmente comprometidos con lo que estás vendiendo. Cuando alinees lo que tú estás vendiendo con lo que ellos están sintiendo, ellos te abrirán sus corazones y sus billeteras.

Cómo manejar los tres componentes de la urgencia emocional

La urgencia emocional influye en el comportamiento humano. Si aprendes a generarla, harás grandes negocios, crearás relaciones más cálidas y construirás un nivel de confianza más profundo.

Hasta este momento, a lo largo del proceso de venta ya construiste confianza en la fase de calentamiento, programaste una agenda clara e hiciste preguntas de descubrimiento de tercer nivel. Y si lo has hecho todo bien, todavía no has comenzado a vender, ni a definir nada. Lo que has hecho hasta ahora es reunir la información que necesitas para crear una interesante experiencia emocional de ventas que conducirá a tomar acción *hoy*.

Esto significa que, a partir de este momento, entras a la fase del proceso de ventas que corresponde a la presentación del producto, al momento de darle buen uso a toda esa información. He visto a innumerables vendedores formular preguntas de descubrimiento fascinantes, solo para hacer una presentación de ventas genérica. A este punto, tus clientes quieren saber una cosa: ¿qué hay para mí en esto (QHPMEE)? Necesitan ver si tú estás en condiciones de satisfacer sus necesidades y así resolver su problema. Pero antes de poder vincular sus necesidades con tu oferta y hacer una presentación convincente de tu producto, debes confirmar que obtuviste la información correcta.

En otras palabras, sin importar lo que estés vendiendo, ni a quién, debes completar cada uno de estos tres pasos para construir ese sentido vital de urgencia emocional.

- Confirma cuáles son los deseos, necesidades y preocupaciones de tu cliente.
- Vincula sus deseos y necesidades con tu producto.

+ Crea una experiencia emocional a través de historias evocadoras y de un proceso de venta memorable.

Si alguna vez has estado escalando, estarás familiarizado con estos comandos:

"¡Amarrados!"

"¡Subiendo!"

"¡Subir!"

Estas son las señales verbales de vida y muerte utilizadas por los escaladores para confirmar que ambas partes entienden dónde están, hacia dónde se dirigen y que es hora de seguir adelante. Muchos accidentes fatales han resultado de una interrupción en este circuito de retroalimentación.

La creación de una curva de retroalimentación también es esencial para los vendedores. ¿Por qué? Aunque hay hechos simples —como la ortografía de un nombre— que son fáciles de comprobar y corregir, es mucho más complicado escuchar y expresar cómo *se siente* tu cliente.

Con frecuencia, los vendedores asumen que han descubierto la información exacta, pero no perciben, o malinterpretan, hechos críticos. Y todos sabemos lo que sucede cuando asumimos.

Recientemente, hablé con una vieja amiga que hace cuatro años perdió a su esposo a causa de un cáncer. Ella me contó que, últimamente, ha estado pasando mucho tiempo con Bob, su contable, y que no cree que debe vivir sola.

Muy contenta, decidí confirmar con ella esa información diciéndole: "Así que hay una chispa entre tú y Bob, ¿eh?".

"¡Oh, no!, dijo ella riendo. ¡Tiene la edad de mi hijo! ¡Él piensa que yo necesito trasladarme a unas instalaciones para gente mayor!".

Fue crucial haber utilizado una declaración de confirmación ¡o yo estaría planeando una boda! ¿Con qué frecuencia proyectas tus pensamientos, ideas, esperanzas y temores sobre tus clientes? ¡Probablemente, te sucede más a menudo de lo que piensas!

Dependiendo de tu proceso de ventas, puedes iniciar una declaración de confirmación directamente después de tu descubrimiento o al comienzo de una reunión de seguimiento. La confirmación de información es, simplemente, el acto de repetir la información que escuchaste y obtener la confirmación de que eso fue lo que te dijeron, de hecho, lo que el cliente quería decir.

Mediante este paso te aseguras de haber obtenido toda la verdad. En ciclos de ventas más largos, te permite controlar la agenda y evitar que los cambios tengan un impacto en tu proceso de ventas.

Según Ken Ferry, fundador de Korn Ferry Institute:

"Este nivel de escucha es difícil de alcanzar, en parte porque está en desacuerdo con el frenético y actual mundo de las multitareas, sobrecargado de información y distracción. Pero, sobre todo, porque va en contra de la forma en que nuestro cerebro funciona, ya que la parte que se enfoca en escuchar está conectada para hacer exactamente lo que desaconseja la escucha activa: evaluar lo que entra a la mente, predecir los resultados, juzgar y, a la vez, hacer todo esto momento a momento"[2].

Hace poco, cometí el costoso y embarazoso error de omitir este paso.

David, el vicepresidente de ventas y encargado de la toma de decisiones de su empresa, me había buscado para crear un plan de estudios en línea, enfocado en su equipo de ventas. David estaba emocionado. Después de tres reuniones (incluyendo una para hacer el paso de descubrimiento a profundidad), nos reunimos por cuarta vez con la intención de discutir el alcance y los términos financieros del proyecto.

Cuando me senté para empezar la reunión, otros dos ejecutivos se sentaron con nosotros: el nuevo diseñador de planes de estudios y el nuevo jefe de David. Después de algunas frases cordiales, el jefe se quedó mirándome y por fin me preguntó: "Entonces, ¿qué estás tratando de vendernos?".

Su pregunta me tomó por sorpresa. A este punto, no era mi intención comenzar a venderles ni mi hoja de vida, ni mis cualificaciones, ni nada. En ese momento, para mí fue evidente que David había estado tratando de convencerlos de hacer negocios *conmigo* con el fin de que yo los incluyera en mi apretada agenda —o, por lo menos, eso fue lo que yo percibí. El hecho es que, si yo hubiera iniciado la reunión con una declaración verbal de confirmación o, mejor aún, si hubiera presentado por escrito una agenda que confirmara cómo transcurrieron nuestras reuniones anteriores, no hubiera pasado un mal rato y habría tenido una mejor oportunidad para avanzar en ese negocio.

Llévalo a la acción

Cómo confirmar la información

1. Repite la información de primer nivel que hallaste durante la etapa de descubrimiento

Repite nombres, fechas, eventos y lugares importantes, y aumentarás la confianza en el proceso. Con los consumidores, enfócate más en la información personal, como datos familiares y actividades. Con las empresas, enfoca tu atención en los proveedores actuales, así como en las cadenas de mando y en los roles y responsabilidades dentro de la empresa. Susan, consultora de liderazgo para una gran firma en el área de Colorado, ha sabido dominar este paso de la confirmación de información. Después de reunirse por tercera vez con el director general de una de las compañías de externalización médica de más rápido crecimiento, y de realizar a profundidad varios descubrimientos, ella confirmó la información de primer nivel con el CEO de esta manera:

"Déjeme ver si entiendo esto correctamente: en mayo, hace dos años, usted comenzó su compañía On Site Medical. De hecho, la semana pasada, OSM celebró su segundo aniversario en el restaurante La Mademoiselle. Todo indica que ha experimentado un crecimiento fenomenal —de cinco empleados pasó a más de 500— y es el principal proveedor de atención médica del Estado.

Su objetivo es ampliar sus servicios a Phoenix y California. Tiene un nuevo ejecutivo, Warner, a quien acaba de contratar como vicepresidente de ventas y marketing, y ha sido extremadamente útil. Sin embargo, todavía está un poco biche y tiene mucho que aprender. ¿Lo he entendido bien hasta ahora?".

2. Repite la información del tercer nivel del cliente

Repetir los hechos es un comienzo. A continuación, es importante que repitas la información más profunda de tercer nivel que te ha dado el cliente. Confirma cómo los hechos hacen que él se sienta y cómo esos sentimientos podrían llevarlo a la acción:

"Usted se siente absolutamente apasionado por el trabajo que ha hecho como internista en los últimos 15 años, pero siente que ha habido una disminución real en la atención médica disponible para el público, sobre todo, para los trabajadores. Proporcionar servicios in situ cambiaría por completo la calidad del cuidado de la salud. Esta es su meta más preciada y eso es lo que usted tiene en su corazón y en su alma".

¡Uf! ¿Cómo podría resistirse el CEO? Susan acababa de escucharlo con total atención y por eso fue capaz de repetirle lo que hay en su corazón y en su alma, lo que lo impulsa y lo que hace que su vida valga la pena vivirla. ¡Habla de tal manera que crees un sentido de urgencia por comprar! Sin embargo, como dicen en los infomerciales: "¡Pero espera! ¡Hay más!". Y aquí está: ¡la mayoría de los vendedores omite este paso!

3. Repite el problema

Me doy cuenta de que la palabra "problema" tiende a ser confusa, así que permíteme aclarar. Un problema no es una objeción; es el desafío real que tu cliente enfrenta en el momento y que tu producto solucionará. Repetir el problema del cliente, junto con sus *implicaciones*, te da la autoridad implícita para resolverlo:

"Con todo su éxito también ha obtenido un mayor crecimiento que, aunque es emocionante, le está generando desafíos de liderazgo. Actualmente, su nuevo equipo ejecutivo no tiene roles claros, ni responsabilidades específicas, ni un sistema de rendición de cuentas. Como es de esperarse, esto no es culpa suya, pero necesita tomar cartas en el asunto si quiere continuar con sus planes de crecimiento al máximo. De hecho, sus planes para el nuevo año requieren un crecimiento del 35% en la línea superior.

Sin una estructura cohesiva, esto podría tener un grave impacto en sus ganancias, así como en su marca. Usted ha hablado con otros consultores, pero parece que no ha habido la empatía necesaria con ellos, ni que se tomaron el tiempo para comprender realmente las necesidades de su organización".

Después de cada uno de estos pasos, necesitas asegurarte de obtener un acuerdo. Busca señales como:

◆ Una señal de acuerdo, como asentir con la cabeza.

◆ El uso de un lenguaje corporal que se incline hacia adelante.

◆ Una confirmación verbal.

Todo esto indica —adivinaste— una creciente urgencia.

4. Obtén un acuerdo

Ahora que has hecho el trabajo pesado, pídele a tu cliente que confirme la información que les has repetido. Luego, plantéale una solución que impacte su motivo de compra dominante (MDCD), que le resuelva sus problemas y por medio de la cual superes todas sus objeciones. Puede ser algo como:

"Por lo tanto, lo que usted estaría buscando en un consultor es que él comparta su pasión por la salud y el bienestar; alguien que conozca su industria, que se tome el tiempo y la energía para conocer personalmente a cada uno de los miembros de su equipo ejecutivo y que tenga la capacidad de crear una estructura y una estrategia cohesivas para ayudarle a facilitar su crecimiento tanto ahora como en el futuro. ¿Es eso correcto u omití algún detalle importante?".

Sabrás que has realizado una declaración de confirmación sólida cuando el cliente exclame algo como: "¡Vaya, realmente me escuchaste!" O "¡Así es! Pero hay algo más que me gustaría añadir…".

Ten cuidado con:

♦ Las declaraciones de confirmación genéricas porque estas demuestran que en realidad no estabas escuchando o que no te importa lo que tu prospecto dice.

♦ Los vendedores que no se detienen a comprobar las señales verbales y no verbales.

♦ Los vendedores que proyectan sus pensamientos y sentimientos sobre el cliente en lugar de repetir en detalle lo que él expresó.

Hacer uso de tus habilidades de confirmación marca una gran diferencia en tu rendimiento. Cuando aprendí a hacer mi declaración de confirmación, me sorprendió comprobar que mi proceso de ventas iba volviéndose mucho más eficiente.

Amplía tu cuota de participación en el mercado

Mark estaba en problemas. Sus ventas eran bastante escasas; de hecho, su base de clientes parecía haberse secado por completo.

Como dueño de una franquicia de una venta directa de muebles y de un negocio de renovación, Mark recordaba los días en que parecía que todo el mundo estaba en el modo de renovación. Solía reunirse con un montón de clientes calificados en las casas modelo y todos ellos acudían a ellas entusiasmados con la idea de remodelar y listos para gastar.

En cambio, hoy en día, los consumidores solo cuentan con sus ingresos. Muchos ya no quieren tener más créditos, ni están realmente interesados en comprar.

"Desde la recesión", se lamentaba Mark, "menos consumidores están remodelando. Tienen cero interés en renovar sus casas. Los porcentajes de cierre se han desplomado al 10%".

"Es bastante probable que, en este momento, remodelar todavía no sea una prioridad para ellos", comenté y luego le hice esta pregunta: "¿Estás de acuerdo en que solo el 10% de la gente en tu área se despierta en la mañana pensando en renovar su casa?".

"Eso es muy cierto", contestó Mark.

"Es por *eso* que solo cierras el 10% de las posibilidades de negocios", comenté. Luego, le pregunté: "¿Qué es lo que el 90% o el 100% de la gente en cualquier área se despierta pensando, queriendo, necesitando?".

Mark guardó silencio.

"¿Qué es lo que más quieres tú en *tu* vida?", le pregunté.

Mark pensó un momento y luego dijo: "Menos horas de trabajo. Y, por supuesto, más tiempo con mis hijos, pero ya se fueron a la universidad y rara vez nos visitan".

Acto seguido, le propuse una solución. "Si invirtieras en una habitación nueva, con una televisión de pantalla gigante —quizás con una barbacoa al aire libre, un spa de hidroterapia, un sofá bien abollonado y, en general, un espacio bien divertido, ¿crees que ellos regresarían a casa para Navidad en lugar de quedarse en la universidad? Nuestros vecinos, los Conway, invirtieron en una sala de juegos y un bar al aire libre ¡abastecido hasta el techo!

Ahora, en lugar de ir a casa de sus amigos durante el descanso universitario, a sus hijos les encanta invitar a sus amigos a casa".

Creo que lo convencí con el sofá abollonado.

Semanas más tarde, cuando hablé con Mark, me contó acerca de una pareja que fue a su negocio para averiguar sobre sus productos. Después de unos minutos de hacerles las preguntas correctas, Mark se enteró de que su hija se iba a casar y se mudaría a un nuevo conjunto residencial con una cocina anticuada. A los 30 minutos, la pareja estaba firmando el contrato para comprarle un paquete de muebles como regalo de boda para su hija.

Después de que le enseñamos estas técnicas de venta de tercer nivel al equipo entero de Mark, los porcentajes totales de cierre aumentaron en más del 35%. El año de ventas siguiente fue mucho mejor de lo proyectado y esto les permitió capturar la cuota del mercado que habían estado perdiendo.

Demasiados vendedores piensan en sí mismos como simples tomadores de pedidos. Si el cliente no está comprando activamente su producto, en lugar de vincular sus prioridades con el producto que ellos representan, se dan por vencidos y pasan al siguiente prospecto. En cambio, los vendedores de alto rendimiento han aprendido a descubrir las necesidades ocultas de sus prospectos y clientes, bien sean emocionales o comerciales; ellos se enfocan en resolverles sus problemas y en vincular su producto a esa solución.

Cuando haces esto, amplías tu cuota de mercado cerrando negocios con todas y cada una de las personas que están buscando las ventajas de los productos que representas. Y además, también logras que ellas deseen comprar ahora mismo.

A medida que comienzas a hacer las preguntas correctas y a escuchar con sinceridad, es un hecho que creas urgencia emocional y tus ventas aumentan dramáticamente. Con la práctica, te volverás mejor y mejor para hacer las preguntas correctas, comprender qué es lo que más les importa a tus clientes y sabrás cómo priorizar sus necesidades. Sin embargo, es muy probable que te estés preguntando: "¿Qué hago con esa información?" Como Abraham Lincoln dijo una vez: "El hombre que no lee buenos libros no tiene ventaja sobre el hombre que no puede leerlos". Si no utilizas la información que obtuviste, ¡no tendrás ninguna ventaja sobre el vendedor que nunca la descubrió!

Todo esto se reduce a que:

- Los buenos vendedores desarrollan el paso de descubrimiento.

- Otros vendedores, hacen las preguntas correctas durante el descubrimiento para despejar los cuatro grandes interrogantes: los hechos de primer nivel, el motivo de compra dominante (MDC), los problemas y las objeciones.

- Pero los vendedores de alto rendimiento, saben cómo tomar la información obtenida durante el descubrimiento y vincularla emocionalmente a las características y beneficios de su producto, y así hacen sus ventas.

Esta es la fórmula básica:

1. Dale un punto de referencia al cliente. "Hace un rato, lo que me estabas diciendo es que, a medida que vas conociendo los productos de varias empresas, el conocimiento que ellas tengan con respecto a tu industria será un factor clave en tu proceso de toma de decisiones".

2. Selecciona una característica de tu producto. "Lo bueno de la dotación de personal que ofrece nuestra empresa es que en Hardy tenemos expertos en más de 40 ramas profesionales diferentes, 23 de los cuales están enfocados específicamente en el campo bancario".

3. Destaca tu ventaja. "La mayoría de nuestros competidores, simplemente, provee personal. Nosotros hacemos que nuestro negocio sea entender tu negocio".

4. Indica cuál es el beneficio para ellos. "Lo que esto significa para ti es que te traemos los mejores empleados para que ocupen las posiciones clave dentro de tu empresa y es así como nos aseguramos de reducir el volumen de negocios que no se están concretando hasta en un 36% menos del que estás experimentando en la actualidad". Muéstrales lo que tienes para ofrecerles al referirte a su MDC, problema u objeción.

5. Termina con una pregunta de confirmación. "¿Es este el tipo de especialización el que buscas?".

Llévalo a la acción

Conectar o fracasar

Dales un vistazo a las definiciones de características, ventajas y beneficios.

- **Características:** en pocas palabras, una característica es lo que hace a tu producto y es cuantificable e indiscutible. Las características por sí solas no motivarán a tus prospectos. Son sus beneficios los que provocarán la decisión de comprar.

- **Ventajas:** las ventajas crean una posición de superioridad. Son lo que distingue a tus productos de los de la competencia y lo que le permiten al prospecto saber por qué debe hacer negocios con tu empresa y no con otra.

- **Beneficios:** por definición, un beneficio es un valor o una utilidad. Un beneficio explica lo que las características significan para tu prospecto —los problemas que él podría resolver y los placeres de los que disfrutaría.

Si estás vendiendo vivienda nueva, una característica podría ser el centro de recreación de ese conjunto residencial. Su beneficio sería que ayudará al propietario a mantenerse sano y en forma. Así es como podría sonar la parte de vinculación de tu presentación. Comienza con un punto de referencia basado en lo que ya han discutido tu prospecto y tú:

Punto de referencia: *"Hace un rato, me decías que una de tus prioridades es tu bienestar físico y hacer ejercicio".*

Característica y ventaja: *"Lo bueno de nuestro conjunto residencial es que, a diferencia de cualquier otro en este lado de la ciudad, nosotros tenemos un gimnasio de 45.000 pies y un spa".*

Beneficio: *"Así que aquí tú puedes mantener tu régimen de entrenamiento diario ¡sin ni siquiera tener que montarte al carro!".*

Pregunta de confirmación: *"¿Cómo te suena eso?"*

La pregunta de confirmación dará lugar a un acuerdo o a una objeción. Como he señalado antes, es mejor tener una objeción ahora en lugar de más tarde.

He aquí un ejemplo de cómo alguien vendiendo software de aprendizaje podría poner en práctica este paso:

Punto de referencia: *"Hace un momento, me decías que no tenías ningún sistema de evaluación que te permita asegurarte de que tus representantes están reteniendo los conceptos de capacitación".*

Características y ventajas: *"El beneficio de nuestro software de aprendizaje es que hemos aprovechado algunos de los sistemas de pruebas, monitoreo y reporte más sofisticados de la industria".*

Beneficio: *"Así, podrás probar la competencia de tus representantes de ventas en todo, desde el conocimiento del producto hasta las habilidades de cierre, y determinar quiénes necesitan capacitación adicional. Al utilizar este sistema de evaluación, muchos de nuestros clientes aumentan la producción en más del 35%".*

Preguntas de confirmación:

¿Es eso correcto?

¿Algo más que te gustaría agregar?

¿Estoy entendiendo bien cómo te sientes?

Consejos sobre la forma de hacer una vinculación

1. Sé tan sensato como un montañista

Concéntrate en las características, ventajas y beneficios de tu producto más significativos para el cliente que tienes frente a ti. Piensa en el hecho de delimitar los beneficios como si estuvieras empacando tu maleta para ir tras una aventura de montañismo. A mi familia le encanta escalar y caminar. Hemos aprendido que, en un viaje de un día para otro, es necesario ser sensatos sobre lo que vamos a cargar. Todo lo que uno lleva, lo tiene que cargar en hombros. Los elementos innecesarios aumentan un peso que también es innecesario e incómodo. (Si viste la película *Wild*, ¡sabes con exactitud lo que esto significa!). La información excesiva también añade peso y dificulta el proceso de compra de tu cliente. Destaca las tres o cuatro características y beneficios más relevantes de tu producto.

Recuerda: demasiada información produce indecisión.

2. No uses un fraseo exacto

No tienes que regurgitar la fórmula con total exactitud. De hecho, si lo haces, sonarás cursi. Recuerda: el propósito de la fórmula de vinculación es activar tu cerebro para que estés enfocado en vincular las necesidades de tu cliente con los beneficios de tu producto. Varía las palabras sin perder el impacto.

3. Obtén el acuerdo de tu prospecto

Los vendedores de alto rendimiento obtienen el acuerdo por

parte de su prospecto durante toda su presentación de ventas. Aunque la fórmula de vinculación asegura que estás descubriendo la respuesta a ¿QHPMEE?, proseguir con una pregunta que genere compromiso aumenta la urgencia. Haz preguntas como:

- "¿Lo que te estoy proponiendo hoy responde a todas tus necesidades?" Hay dos respuestas a esto: sí o no. Si la respuesta es "no", entonces pregunta: "¿Qué necesito mostrarte o explicar mejor para hacer que nuestro producto sea la mejor opción para ti?".

- "¿Es la nuestra tu mejor solución?" Aquí, una vez más, solo hay dos respuestas. Si es "no", entonces pregunta: "¿Qué necesitamos hacer para que esta sea la mejor solución para ti?".

Al hacer estas dos preguntas, te asegurarás, primero que todo, de que realmente entiendes las necesidades de tu prospecto; pero lo más importante, de que tu propuesta en realidad está cubriendo esas necesidades. En una situación competitiva, la segunda pregunta te muestra dónde estás parado.

Dependiendo de tu producto, puedes hacer otras preguntas específicas sobre financiamiento y oportunidad, o con respecto a la persona encargada de tomar decisiones. Pregunta con confianza —no andes con rodeos.

Aprende a utilizar historias

Hace muchos años, mi colega Marta y yo asistimos a un gran almuerzo buffet de Nochebuena. Durante la reunión, una pareja de la tercera edad —que *tenía* que ser mayor de 90 años— marchó usando sombreros rojos de Santa con campanas sonando en las puntas de sus zapatos. Los dos eran adorables. Se sentaron junto a nosotros, cada uno con una sonrisa de oreja a oreja. No pude evitarlo, así que me acerqué a ellos y les pregunté: "¿Cuál es el secreto de un matrimonio feliz?".

El esposo se inclinó hacia mí y dijo: "Sabes, conocí a Helen en la Armada. Es posible que no lo notes ahora" —y se empinó un poco—, "pero yo era un tipo muy bien parecido en aquel entonces. Helen me insistía mucho para que nos casáramos. Yo vivía diciéndole: 'Tengo que pensarlo'.

"Fue entonces cuando ella dijo: 'Nunca sabrás lo bueno que algo puede ser hasta que lo hagas. ¿Por qué no pensar en ello mientras estamos casados?'.

"Y así lo hice. 67 años más tarde, ¡todavía estoy pensando en ello!". Ambos se rieron. Se reían por el jamón, los huevos, el pastel de queso, por lo que fuera, pero felices y enamorados, todos esos años después.

Nuestro cerebro ama las historias, pero nuestros corazones las aprecian aún más. Durante años, les conté esta historia a las parejas que, en el momento de la verdad, no lograban tomar la decisión. Y casi siempre, al escucharla, terminaban decidiéndose.

Una investigación reciente confirma que escuchar las historias correctas en el momento adecuado hace que el cerebro libere oxitocina, el neuroquímico responsable de la embolia. La oxitocina, llamada "molécula moral" por el neuroeconomista Paul Zak, ¡hace que la gente sea más digna de confianza, generosa, caritativa y compasiva![3]. Los investigadores experimentaron con los clientes en un ambiente de ventas, haciéndolos ingerir oxitocina a través de su cavidad nasal para ver si se sentían más confiados y empáticos. (Me imagino que si puedes conseguir que un completo extraño aspire por la nariz un producto químico desconocido es porque muy probablemente, ¡él ya confía en ti!).

Incluso si tu prospecto está interesado en los hechos de tu oferta, si sus emociones no lo mueven, no se sentirá inspirado para actuar. En su mente, él *pensará* y tendrá claro que tu solución es la adecuada, pero solo actuará hasta cuando *sienta* en su corazón que debe hacerlo.

Yo quiero tener lo que él tiene

Desde el advenimiento de las redes sociales, la forma en que promovemos nuestros productos y servicios ha cambiado dramáticamente. Estamos viviendo en un mundo de "quiero tener lo que mismo que tú". La nueva forma de pensar consiste en que "como eso que tienes te gusta, y tú me gustas, también debe ser bueno para mí". Si tú y yo somos amigos virtuales, tú tienes un 27% más de probabilidades de encontrar credibilidad en un producto recomendado por mí, que por un anuncio de televisión, un aviso publicitario o unas fotos. Además de crear una experiencia emocional, las historias que involucran a otros clientes que usan tu producto y se benefician de él, le imprimen mayor credibilidad a tu oferta[4].

Uno de nuestros clientes, Jack, utiliza historias y anécdotas para describir casi todas las características, ventajas y beneficios de su producto: "American Express detectó que el 25% de sus representantes de ventas encontraba útil esta característica" o "JP Morgan está de acuerdo en que hay grandes ventajas en este tipo de servicio". De inmediato, tú entiendes el asunto, y lo mismo harán tus clientes.

Utiliza tus historias estratégicamente

Muchos vendedores comparten cómo otros han usado sus productos, pero no piensan en *por qué* están contando la historia, ni cómo esta beneficiará al cliente y al proceso de ventas. Antes de contar cualquier historia, hazte estas preguntas:

- ¿Por qué estoy contando esta historia?

- ¿Cuál es el impacto deseado?

- ¿Tiene un propósito?

- ¿Existe un vínculo con el motivador emocional de mi cliente? ¿Resuelve un problema o supera una objeción?

- ¿Está estructurada de tal manera que mantenga la atención del cliente?

◆ ¿Cuál es la parte crucial y qué tan memorable es?

Las mejores historias son auténticas *y* convincentes. Ya sea que estés vendiendo energía solar, fotocopiadoras, software, vacaciones o consultoría por horas, sigue estas cinco reglas para contar una buena historia:

1. La historia debe tener un propósito

Simplemente, pregúntate: "¿Por qué estoy contando esta historia? ¿Qué impacto quiero que ella tenga en mi audiencia?" Una historia debe servir a uno de los siguientes propósitos:

◆ Generar un motivo de compra emocional

◆ Resolver el problema potencial de un cliente

◆ Superar una objeción

◆ Construir credibilidad.

Las historias te ayudan a conectarte emocionalmente con tu cliente y a vincular lo que es importante para ellos con tu producto. Recuerda, la lógica nos hace pensar, las emociones nos hacen actuar. Los anunciantes emplean este concepto con maestría.

2. La historia debe basarse en la verdad

Solo cuando compartes ejemplos de personas reales y experiencias reales, tus historias son percibidas como auténticas. Conforme al experto entrenador de habla y conferencista de Stanford, Lee Eisler, es importante que, al contar una historia, la revivas a medida que la cuentas[5]. Ubícate en el momento en que ocurrió. Cuando yo lo intenté, me di cuenta que mis historias tuvieron gran impacto. Comprendí que había estado contando algunas de mis historias durante tanto tiempo que parecían carecer de autenticidad.

Pero, ¿qué ocurre cuando tienes el problema opuesto? ¿Cómo obtienes historias si eres nuevo en una empresa o nuevo en las ventas? ¡Créame! Sé lo frustrante que es ser el nuevo chico en la cuadra.

Crea un banco de historias

Cuando empecé en las ventas, yo no sabía todo lo que no sabía, ni tenía preparadas tantas historias como los demás. Entonces, un día oí la historia de Mark. Era fantástica. Hacía que los clientes se emocionaran cada vez que él la contaba. Así que le pregunté: "Mark, ¿te importa si cuento tu historia diciendo que 'uno de nuestros representantes de ventas, Mark, tiene un cliente que...'"?

Él aceptó encantado.

Le hice a cada representante de ventas la misma pregunta y decidí escribir sus historias en un pequeño libro negro; luego, las categoricé.

Columna A: historias que generan un motivo de compra directo (MDC).

Columna B: historias que resolvieron un problema.

Columna C: historias que superaron una objeción.

Columna D: historias que producen credibilidad.

Las anoté todas. Refiné cada palabra. Aprendí que de las palabras que eligiera dependía si las historias tendrían o no un gran impacto emocional en los clientes. Por ejemplo, cuando describía comida, era mucho más atractivo hablar del soufflé de chocolate con relleno caliente de caramelo fundido que si solo decía: "La comida estuvo *buena*". Esta estrategia me produjo un gran beneficio.

Gracias a la tecnología moderna, es mucho más fácil crear un banco de historias. Puedes digitalizarlas, incluyendo imágenes de tus clientes. Debes tener 30 a 40 grandes historias, aunque estas sean de terceros. Clasifícalas, practícalas y, si no son tuyas, cuéntalas con tanta pasión como puedas.

3. La historia debe ser relevante

No le digas a tu cliente CEO de la Ciudad de Nueva York que él te recuerda a Bernie Hansen, un agricultor de Nebraska. Las historias solo impactan a tus clientes si ellos las escuchan y piensan: "¡Sí, yo también! Yo soy así como esa persona y, obviamente, yo también tendría esa misma buena experiencia".

4. La historia no debe ser sobre ti

Se supone que *tú debes* usar y amar tu producto. Lo estás vendiendo. Sin embargo, las historias efectivas son aquellos testimonios de tus clientes que han recibido valor emocional o financiero de tu producto.

5. La historia debe ser específica

¿Alguna vez has notado que cuanto más específica es una historia o relato, más creíble suena?

Así como un elogio específico por un logro alcanzado es más eficaz que una generalización, las historias específicas también son más poderosas. Tanto abogados, anunciantes como vendedores de alto desempeño saben que la especificidad genera credibilidad. Por ejemplo, ¿qué testimonio parece más creíble?

"Nuestro marcador de energía es el mejor del mundo para contactar a los clientes".

O:

"Al contactar prospectos de forma más selectiva, nuestro marcador de energía suele aumentar la tasa de conversión en más del 35%".

Siempre que sea posible, utiliza nombres, fechas y lugares. Hay una frase sobre los periodistas que vale la pena repetir: "Los buenos periodistas no solo reportan que había un perro en la calle, sino que también averiguan el nombre, las características y todo lo que más puedan del perro". Cuanto más específico seas, más creíble será la historia.

Cuanto más creíble sea tu historia, mayor será su impacto en tu cliente.

El porcentaje de las cotizaciones aumenta y disminuye: "32.5%" es una cifra mucho más creíble que "más del 50%". Busca cifras exactas y utilízalas para darles credibilidad a tus historias.

Las historias no son solo una lista de eventos y acontecimientos, sino que también dependen del significado que les damos y nos humanizan y nos unen. Las historias nos ayudan a comprender el mundo que nos rodea. Los acontecimientos, en sí mismos, no tienen significado; más bien, asumen el significado que les damos. Haz que tus historias sean creíbles, auténticas, convincentes y sinceras, y no solo venderás más, sino que encontrarás el mejor momento para hacerlo.

CAPÍTULO 9

La persistencia vence la resistencia

Verdad universal #9: tan pronto como un prospecto muestra resistencia, la mayoría de los vendedores baja el precio, modifica los términos del contrato o cambia la oferta. Pero la verdad es que es solo cuando el prospecto está en un estado emocional receptivo que tú puedes cerrar la venta. Esta sección incluirá estrategias para mantener receptivos a los clientes, enfrentar sus objeciones más difíciles y descubrir cuál es esa objeción final y verdadera que, esclareciéndola, te ayudará a cerrar más ofertas y con mayor rapidez.

¿Cuándo compraste los tacos?

Como mi esposo estaría encantado de decirte, soy una pésima cocinera. La buena noticia es que hay un par de platos que me quedan muy deliciosos. Uno de ellos son los tacos de búfalo. Hay un par de pasos que sigo. Primero, escribo los ingredientes que necesitaré: conchas de taco, cebollas, cilantro, queso, aguacate y, por supuesto, carne de búfalo. Segundo, me dirijo al mercado. Llego allá, selecciono los diversos ingredientes, los coloco en mi carrito y procedo a revisar.

Pregunta: ¿En qué momento compré la carne de búfalo?

Algunas personas me dicen: "Cuando la pagaste en la caja registradora".

Otras dicen: "Cuando la sacaste del refrigerador y la colocaste en tu carro del supermercado".

La respuesta correcta es: desde antes de salir de mi casa, desde en el momento en que *decidí* comprarla.

El punto es que, a menudo, tus clientes decidieron comprar tu producto desde mucho antes que tú se los ofrezcas. Sin embargo, en cada paso del proceso, ellos están evaluando la decisión de compra que ya tomaron. Esto significa que vender no es solo cuestión de cerrar el trato. En realidad, es más cuestión de no dañar el trato que el cliente ya ha decidido hacer (aunque no te haya dicho nada todavía).

La mayoría de los vendedores necesita cambiar su perspectiva con respecto a lo que en realidad significa hacer el cierre. Demasiados piensan que un cierre mágico les ayudará a cerrar el trato y me hacen preguntas como: "¿Cuál sería un buen cierre cuando el prospecto dice cosas como 'déjame pensarlo'?", o "¿Cómo debo enfrentar la situación cuando me dicen: 'Nos encanta, pero tenemos que ejecutarlo a través del Departamento de Recursos Humanos o de Contabilidad, o con el abogado'?".

Vender no es tan simple. Una vez que el barco se hunde, un ancla no le hará ningún bien.

Antes de pensar en cerrar, es necesario estudiar cada paso de ventas que hemos discutido hasta ahora. Más que eso, adquiere el hábito de revisar constantemente tu estado emocional. ¿Estás irradiando empatía, curiosidad y responsabilidad?

Para llevar a cabo el cierre sintiéndote confiado, analiza si de pronto los clientes todavía se están decidiendo cuando ves que se retractan debido al precio o a cualquier otra razón. La resistencia inicial rara vez es real. Tal vez, ellos todavía no han colocado la carne de búfalo en la cesta de compras, ¡pero tal vez ya la tomaron de la nevera y solo tienen que leer la etiqueta!

Para manejar eficazmente la resistencia de los clientes, es esencial saber:

1. Las seis objeciones principales para comprar cualquier cosa.

2. La ciencia que explica por qué los clientes les dan excusas a los vendedores.

3. Tres técnicas para desactivar las excusas anteriores e identificar la objeción real.

4. Estrategias esenciales en el momento del cierre.

En este capítulo, desarrollaré todos estos cuatro aspectos.

¿Cómo refutar todas esas objeciones?

En mis seminarios para aprender a lidiar con las objeciones, suelo comenzar proponiendo la siguiente actividad: "Escriban todas las objeciones que han escuchado en los últimos seis meses". A los participantes les encanta que pongo la canción de los Rolling Stones, "(I can´t get no) Satisfaction" y todo el mundo se anima a participar.

Después de clasificarse en grupos de cinco, los asistentes escriben sus objeciones en una hoja de papel de carnicería en blanco. Invariablemente, cada grupo pide más papel. La intensidad aumenta. Pronto, cada grupo establece entre 25 y 35 razones que sus clientes les dan para no comprar. Cuando terminan su lista, pegan las hojas en las paredes formando así un mural de las preocupaciones de los clientes.

Algunos participantes se ponen notablemente incómodos. "¿Cómo voy a aprender a refutar todas esas objeciones?", se preguntan.

"¡Vayaaaa! No es de extrañar que no hayamos vendido mucho últimamente", comentan otros. En ese momento, les revelo la sorprendente verdad:

"De todas las objeciones que ustedes han oído acerca de comprar cualquier cosa, existen tan solo seis objeciones *reales*. Y al final del seminario, habrán aprendido a responder a las seis".

Surge un palpable suspiro de alivio.

Excusas vs. Objeciones: ¿Cuál es la diferencia?

Después que les revelo las seis objeciones reales, los asistentes suelen preguntarme: "¿Dónde está 'Tengo que pensarlo?' ¿Por qué 'Envíame una propuesta' no es una de las seis? ¿No se te han olvidado algunas?".

Ahí es cuando les explico que este tipo de comentarios —"Necesito pensarlo", "Tenemos que recibir la aprobación de Contabilidad", "Solo estamos recopilando información"— son casi siempre *excusas* que los clientes usan para enmascarar una de las seis objeciones reales.

Para hacer un cierre eficaz, debes comenzar por aprender que hay una diferencia entre una excusa y una objeción verdadera.

Una excusa es una razón que tu cliente se inventa para no tener que comprar. Las excusas son a veces reales, pero, casi siempre, son mecanismos de defensa. Por otra parte, una objeción representa la verdadera preocupación del cliente. Es posible superar tanto las excusas como las objeciones, pero se requiere de enfoques distintos. Por esta razón, tener estrategias para distinguir entre las unas y las otras, y saber cómo sobreponerte a ellas, es clave para tu éxito en las ventas.

Así como hay en el mundo una cantidad de colores que parece infinita —¿sabías que podemos ver 10 millones de colores?—, las objeciones de los clientes también parecen ser interminables.

Pero así como todo color es una combinación de los tres colores primarios, de igual manera, solo existen seis objeciones reales. Te sugiero que hagas tu propia lista de todas las objeciones más comunes que recibes. Luego, compáralas con las seis que estoy a punto de mostrarte. Si encuentras que la mayor parte de lo que escuchas de los clientes resulta ser excusas, esa no es una gran noticia. ¿Por qué? Porque, como acabamos de ver, las excusas son pretextos —y no debes responder a ellas como si fueran reales. Te mostraré cómo moverte a través de todas las excusas hasta lograr dejar en evidencia el verdadero problema de tu cliente. Solo entonces, podrás hacer la venta.

Las seis objeciones reales

1. No hay necesidad: las objeciones con respecto a que "no hay necesidad" resultan de una de dos posibilidades. En primer lugar, tu producto, legítimamente, no tiene ningún valor para tu prospecto. Por ejemplo, si intentaras venderme unos zapatos con aire acondicionado (sí, tal producto existe en el mercado), ellos no tendrían ningún valor para mí *fuera cual fuera su precio*. Yo no corro la maratón de Badwater en Death Valley en julio, e incluso si participara en ella, es muy probable que mis zapatos con aire acondicionado se derretirían antes de la sexta milla.

El otro escenario de las objeciones que manifiestan que "no hay necesidad" de tu producto ocurre cuando el cliente ya posee uno similar que le funciona bien o que no lo está utilizando o necesitando en el momento. O tal vez, tenga una condición médica que le prohíbe su uso o acaba de invertir en uno similar. Si eres como la mayoría de la gente, encontrarás estas objeciones entre las más difíciles de superar porque el cliente, simplemente, no se deja convencer y tú sientes que no tienes el poder de superar ese argumento de que él "no tiene necesidad" de adquirirlo. Pero todavía hay esperanza, como discutiremos en breve.

2. No tiene sentido financiero: no confundas esta objeción con esas como *"No está en nuestro presupuesto"* o *"No podemos permitírnoslo"*. Lo que el cliente te está diciendo es que él puede lograr sus objetivos por un precio más bajo u obtener más valor por la misma cantidad de dinero. No enfrentes esta como si fuera una objeción financiera. No lo es. Se trata de valor, no de recursos financieros. Más adelante en este capítulo, te mostraré la técnica adecuada para reestructurar, neutralizar y superar esta objeción.

3. No creo que funcione: el prospecto tiene dudas sobre la facilidad de usar, instalar o adquirir tu producto. Si él siente que tu oferta suena *demasiado buena como para ser verdad,* se resistirá tanto a ti como a tu oferta. Para superar esta objeción, analiza a la persona que tienes frente a ti. Si notas que es muy analítica, abstente de hacer grandes afirmaciones y mejor utiliza cifras, gráficas y estadísticas. Muéstrale testimonios de clientes y piensa en la posibilidad de presentarle a uno de tus líderes. Explícale lo que tu producto no hace y de esa forma creerá más en lo que sí hace.

4. Es demasiado confuso: a veces, los clientes, simplemente, no entienden. Es posible que tus prospectos no tengan el ancho de banda mental para entender cómo tu producto encajará en su vida laboral o personal y están preguntándose: "¿En qué consistirá este programa?" "¿Por qué lo estaré necesitando?".

¿Y quién los confundió? Sí, tú. Es muy probable que les hayas dado demasiada información, demasiado rápido. ¿Por qué? Porque quizá querías sorprenderlos y motivarlos, conseguir la venta y seguir avanzando. Ve más despacio; tal vez, te mueves demasiado rápido. Escucha más, habla menos. La sobrecarga de información, causada a menudo por los vendedores obsesionados por la comisión, paraliza a sus prospectos. *La gente prefiere no tomar ninguna decisión que tomar la decisión equivocada.* Para minimizar esta objeción, debes:

- Presentar de tres a cinco ventajas clave de tu producto que creas que más le importarán a tu cliente (según el paso de descubrimiento).

- Evitar responder preguntas que el cliente no te haga.

- Evitar las siglas y la jerga de la industria.

- Resumir los beneficios del producto utilizando info-
  grafías y analogías. Decir algo como: "Nuestro programa de puntos de bonificación funciona igual que
  tus millas aéreas".

- Proporcionar la cantidad exacta de información que
  tu cliente necesita para tomar una decisión, ni más ni
  menos. Decide qué otra información necesitas brindar después de que el cliente decida comprar.

5. Implica mucho esfuerzo: ya hemos hablado del hecho de que
tu mayor competencia no es un producto, ni una persona,
sino el *statu quo*. Cuanto más complejo parezca tu producto,
menos probable será que tus clientes lo elijan. Cuando sur-
ja esta objeción, haz énfasis en el servicio al cliente y en los
sistemas de soporte. Reconfirma tu experiencia y competencia. Reitera cómo, después de un rápido período de ajuste,
sus vidas se harán mucho más fáciles. La gente quiere que las
cosas sean fáciles.

Los clientes no siempre te explican sus objeciones como si estuvieran jugando contigo un partido de Scrabble. Ellos no saben
decir: "Esto requiere de mucho esfuerzo". A menudo, es necesario profundizar y leer entre líneas.

6. No tengo todo ese dinero: a veces, tus clientes sí quieren tu
producto, pero no pueden permitirse ese lujo. (Esta no es la
misma objeción que "No tiene sentido financiero", la cual surge
cuando aún ni siquiera has dicho el valor de tu producto).
Ten cuidado con esta objeción; a menudo, se utiliza como una
excusa porque parece como una salida sin dolor. De pronto, tus
prospectos no quieren herir tus sentimientos. En ventas complejas, simplemente dejan de llamarte o sacan cualquier excusa.

Las investigaciones demuestran que los clientes presentan esta objeción con mucha más frecuencia de la necesaria. Por esto, siempre es mejor aislarla antes de renunciar a una venta.

Excusas

¿Qué pasa con los cientos de otros obstáculos que recibes de los clientes cuando se les pides hacer la compra? Si no es una de las seis objeciones, es probable que sea una excusa. Las excusas vienen en diferentes formas, dependiendo del producto que estés vendiendo. Esto puede parecer un poco duro, pero debes pensar que una excusa es como una especie de mentira. No te sorprendas. Según Pamela Meyer, que dio la famosa discusión de TED sobre "Cómo detectar a un mentiroso", todos mentimos[1]. La persona promedio dice entre 10 y 100 mentiras por día. Comenzamos a mentir desde cuando somos niños. Los bebés fingen un grito para llamar la atención y los niños de 5 años de edad se quedan sin aliento gritando ("¡El perro rompió el jarrón!", "¡Ella me pegó primero!") para evitar el castigo. Los adultos dicen mentiras para evitar la confrontación ("¡No, ese vestido no te hace lucir gorda!") y posponer las decisiones ("Te devolveré la llamada en un par de semanas").

Tal vez, la omnipresencia de la tecnología ha aumentado la velocidad y la frecuencia de nuestro juego de Pinocho. Decimos cosas como: "Tu correo electrónico debe haberse ido a mi carpeta de spam", "Tengo que ir a una reunión… Necesito ir corriendo". Sin embargo, la verdad es que estamos bien sea sobrecargados o aburridos, así que mentimos para amortiguar golpes y preservar la relación.

¿Por qué mienten tus clientes?

Entonces, ¿por qué tus clientes no son sinceros? ¿No sería más fácil para ellos decirte: "Tú y tu producto apestan", "Eres aburridísimo", "No confiaría en ti ni para que cambiaras la estación de radio"? Antes de estudiar las posibles razones, piensa en ti mismo como consumidor. ¿Alguna vez has sacado una excusa en lugar de compartir tu problema real? ¿O no sabías por qué estabas intentando evitar y, de todos modos, evitaste? Yo sí he actuado de esa forma.

Hace varios años, hice una cita con un vendedor llamado Charlie en un concesionario Land Rover. Después de probar el carro, Charlie me propuso que lo comprara, pero algo no terminaba de convencerme y decidí no arriesgarme.

En realidad, yo tenía ciertas dudas. Uno de ellas era que había oído decir que Land Rover tiene un pobre historial de servicio. Cuando le planteé esta inquietud, Charlie la descartó. Ni siquiera se molestó en negarla, ni en decir algo como: "¡Vaya! Déjame comprobarte que no es así". Todo lo que escuché fueron superlativos: "Este es el mejor... La mayor... El más...".

Piénsalo: ¿Le hubieras *tú* dicho a Charlie que creías que era un exagerado y pésimo vendedor? Tal vez no, pero ¿habrías confiado en sus intenciones?

Yo, no. Sin embargo, tomé el camino cobarde y le di una excusa. Le dije que mi hermano tenía el mismo modelo de carro y que tenía que hablar con él antes de decidirme a comprarlo. "El problema es", le dije, "que él está en Bélgica". Así que le pedí su tarjeta y nunca lo llamé.

Típicamente, los clientes no toman una decisión porque están atascados, sino porque están experimentando uno de los tres estados que yo llamo "estados emocionales negativos del comprador". En otras palabras, están atrapados en uno de estos tres lugares:

- En estado de sospecha
- En estado de miedo
- En estado de vergüenza

Y la capital de cada uno de esos estados es la "indecisión".

El estado de sospecha

¡Atención! Tu prospecto no tiene confianza en ti o en tu empresa. No lograste ganarte su confianza. Recuerda usar las pequeñas negativas para que tus prospectos sepan que no estás escondiendo nada. Tú sabes que siempre existe un cuñado, un director de finanzas o un papá que le dice al cliente lo que hay de malo en tu oferta. ¡Véncelo! Me encantaba afrontar la pregunta "¿Podrías hablarme de tus honorarios de mantenimiento?" con respuestas como: "Te garantizo que subirán" o "¿Hay buena ganancia en la reventa?" o "No, pero procura que sea tu cónyuge quien los pague en caso de un divorcio". En serio. Este tipo de respuestas hacía reír a mis prospectos. Luego, sí les respondía honesta y específicamente.

Demasiados vendedores recurren a respuestas pesadas en lugar de tratar de medir cómo se sienten sus prospectos con respecto a sus ofertas y, cuando ellos no compran, los vendedores quedan a ciegas, sin entender bien lo que pasó. ¡Ahí tienes! ¡Lo siento!

El estado de miedo

La gente prefiere no tomar ninguna decisión que tomar la decisión equivocada. La "parálisis por análisis" impide que las empresas, los gobiernos y los consumidores tomen la decisión de comprar —a veces, a expensas de lo que es mejor y más rentable. Los clientes temen la vergüenza de tomar una mala decisión y, por tal razón, terminan no comprando nada en absoluto.

El estado de vergüenza

Los productos y servicios son más complicados hoy que nunca. Pero los clientes que no entienden tu producto suelen sentirse demasiado avergonzados como para decírtelo. Una vez, trabajé con un vendedor llamado Marco. Su presentación fue tres veces más larga que la de cualquier otra persona. Marco le aseguró a su cliente en su declaración de intención que incluso un niño de 5 años podía entender su producto. ¿Adivina qué? Su cliente, que no quería ser confundido con un niño de cinco años excepcionalmente corto de entendimiento, mantuvo su boca cerrada. ¡No hubo preguntas, ni objeciones... ni venta!

No intentes golpear a un holograma

Algunas investigaciones sobre el funcionamiento neuronal muestran que somos más capaces de concentrarnos, enfocarnos y tomar decisiones cuando no estamos experimentando emociones negativas. Mientras tus prospectos estén atrapados en uno de los tres estados emocionales negativos ya mencionados, no estarán pensando con absoluta claridad. Y no solo no tomarán una decisión, sino que es bastante probable que no te den a conocer sus verdaderas objeciones. La sospecha, el miedo y la vergüenza brotan de la amígdala, que es la parte del cerebro que se encarga de la lucha o la huida —motivo por el cual debes esperar a que tus clientes discutan contigo o saquen una excusa y te evadan. ¡Esta respuesta está conectada a nuestro ADN!

La pregunta es: ¿qué hacer al respecto?

Amable, agresivo o respetuosamente asertivo

Ahora debe ser más obvio para ti que nunca que la manera en que vendes es incluso más importante que lo que vendes. ¿Recuerdas a Suzy y Tony y a sus enfoques extremos de ventas? Suzy era nuestra vendedora complaciente con sus clientes y Tony el chico pesado.

Los vendedores amables como Suzy nunca hacen las preguntas difíciles de descubrimiento, ni desafían a sus clientes durante sus presentaciones, así que nunca les generan urgencia por comprar y terminan haciendo concesiones al final porque el cliente nunca estuvo realmente "involucrado" en el proceso.

Por otra parte, los vendedores agresivos, como Tony, se exceden presionando a sus prospectos al final de sus presentaciones, cuando debieron estar generando urgencia y creando tensión a lo largo de todo el proceso.

Estos dos enfoques contrastan con el de los vendedores que saben ser respetuosamente asertivos en cuanto a que manejan el estado emocional de sus prospectos a lo largo de todo el proceso de ventas, y no solo al final. Ellos hacen un trabajo estupendo de construir la relación, pero también saben cuándo enrollar sus mangas y pedir la orden. Además, pueden manejar la resistencia de los clientes al final porque lo han estado haciendo todo el tiempo.

Sé asertivo, pero nunca agresivo. Los siguientes comportamientos no solo te llevan a perder la venta, sino también tu credibilidad y la de tu empresa.

¡No intentes esto en el trabajo!

* No seas desafiante. Cuando discutes con los clientes, lo único que estás haciendo es llevarlos de un estado negativo a otro. Por ejemplo, si Charlie, el vendedor del concesionario de Land Rover, me hubiera dicho que llamara a mi hermano por teléfono o me hubiera aplicado presión basándose en una falsa escasez ("El precio sube mañana" o "Este es el último que me queda"), yo habría pasado del estado de sospecha a un nuevo estado: el de ira. Incluso le habría hecho un comentario sarcástico. También lo harán tus clientes si tratas de enfrentarlos.

* No bajes el precio. Bajas tu precio pensando: "Si es bastante barato, lo comprarán". Sin embargo, te tengo malas noticias: si haces que algún producto sea bastante barato (excepto esos zapatos con aire acondicionado), quizás alguien te lo comprará, pero no si esa persona está en estado de sospecha. A menos que tú indagues hasta encontrar su verdadera objeción, ella permanecerá en la posición conocida como "no estoy interesado ahora, ni nunca".

¿Por qué somos tan rápidos para bajar el precio? Muchos vendedores subestiman lo que su producto hará por su cliente o, como mi colega Adam Robertson dice, "no ven el valor y están pagando con dinero de su propio bolsillo". Siempre te irá mejor demostrando valor que debatiendo el precio. Y si compites basado tan solo en el precio, alguien por ahí venderá a un precio más barato que el tuyo. Averigua si el precio es en realidad la única y final objeción del cliente. Cuando tratas de rebatir una excusa, como dice mi ex colega Joe McGriff, "es como intentar golpear un holograma". Sigue golpeándolo. Podrás intentar darle golpes en todas las direcciones, pero nunca harás contacto con él.

♦ No te distraigas. Katie vende productos tecnológicos sofisticados. Los trámites pueden tomar de seis meses a tres años para cerrar e involucrar a los múltiples encargados de la toma de decisiones. En el momento en que Katie escucha: "No sabemos cuál es nuestro presupuesto", ella se sienta a trabajar y elabora una larga propuesta por escrito. ¿Adivina qué? Tres meses después, recibe la respuesta: "Esto es demasiado caro". Es obvio que Katie no cava tan profundo como debería; si le dicen que su producto es demasiado caro, ¡es evidente que sus prospectos sí tenían un presupuesto!

♦ No seas desesperado. Considera el siguiente escenario: un vendedor acaba de preguntarle al cliente si está listo para realizar la compra.

Cliente: "Voy a tener que echar números. Veremos el presupuesto del año y nos pondremos en contacto contigo".

Vendedor: "Pero si no compras ahora, los precios estarán subiendo. Estamos descontinuando este modelo y tendrás que pagar más".

Cliente *(irritado)*: "Bueno, tendremos que asumir ese riesgo". [Sonido de puerta cerrándose duro].

¿Adivina en qué estado está ese cliente?

Si tú fueras ese cliente, ¿cómo te sentirías? ¿Cuánto tardarías en levantarte y marcharte? Es obvio que el vendedor no está siendo sincero, que se siente desesperado y que le hace falta un poco de comprensión. Cualquier confianza que el vendedor haya logrado generar, es indudable que la perdió. El vendedor debe poner en práctica su capacidad para escuchar con sinceridad, puesto que necesita validar los sentimientos del cliente antes de responder. También podría necesitar unas largas vacaciones.

- **No trates de vender un sombrero que no sea de la talla de tu cliente.** El otoño pasado, viajé a Europa del Este con un grupo de ejecutivos. Mientras visitaba la Plaza de los Héroes en Budapest, una vendedora ambulante se acercó a mí y me preguntó si compraría un sombrero de piel. La conversación fue así:

Vendedora ambulante: "Compra mi sombrero por $40 euros".

Shari: "¿Me permites probármelo? [Ella me lo entrega.] No me queda bueno. Es demasiado pequeño. ¿Tienes otro más grande?".

Vendedora ambulante: "No. Es un lindo sombrero. Está hecho de castor. Está bien, ¿te sirve en $30 euros?".

Shari: "Aun a ese precio, no me queda bueno. No podré usarlo".

Vendedora ambulante: "Llévalo en $20 euros y te encimo otro sombrero de los mismos".

Tal vez había una barrera del idioma y la vendedora no entendía lo que yo le decía. O tal vez esos eran los últimos dos sombreros que le quedaban y ella solo quería deshacerse de ellos y volver a casa. El punto es este: para vender con éxito, debes descubrir la verdadera objeción y responderla. ¿Por qué comprar un sombrero de una talla que no era la mía aunque fuera más barato? ¿Tenía frío en mis oídos y necesitaba un sombrero que me los cubriera? ¿Podría haber roto los dos sombreros y hecho uno que sí me sirviera? No es así como quería pasar mis vacaciones.

El cierre no es una cuestión de dar respuestas absurdas para tratar de refutar las preocupaciones de los clientes, ni de usar técnicas de boxeo encarnizadas. El cierre tiene que ver con tener generosidad, paciencia y corazón para descubrir la verdadera preocupación del cliente, abordarla y luego cerrar el trato.

Llévalo a la acción

Identifica la verdadera objeción

Ahora conoces las seis objeciones principales:

1. No hay necesidad

2. No tiene sentido financiero

3. No creo que funcione

4. Es demasiado confuso

5. Implica mucho esfuerzo

6. No tengo todo ese dinero.

Lee las siguientes declaraciones de algunos clientes y colócalas en una de las seis categorías anteriores. Recuerda que, aunque algunas de estas son objeciones válidas, otras podrían ser excusas para ocultar la verdadera objeción. Determinar la objeción real no es una ciencia exacta, así que intenta lo mejor posible. Cada vez que encuentres resistencia, usa las seis objeciones reales como una plantilla para averiguar si tu cliente te está dando una excusa o una objeción legítima. El simple conocimiento de estas seis objeciones principales aumentará drásticamente tus resultados. Aquí está la lista:

- Lo presentaré a la junta directiva
- Este es el primer producto que hemos visto
- Estamos en la fase de recopilación de propuestas
- Este no es el momento indicado
- Mis hijos van a la universidad
- Estamos buscando muchas opciones
- Esto es interesante. Envíame más información y nos pondremos en contacto contigo
- Simplemente, no está en el presupuesto actual
- Estamos satisfechos con nuestro proveedor
- En la actualidad, no veo cómo podríamos usarlo
- Veo el valor de tu producto, pero no es para mí
- Este no es mi departamento
- Necesitaremos analizar las cifras
- Ahora mismo, no es una prioridad
- Estamos haciendo recorte de presupuesto
- Es demasiado caro
- Estamos buscando mejor calidad
- Tuve una mala experiencia con tu empresa
- Hemos estado haciendo negocios con nuestro proveedor actual durante años
- Mi hermano está en el negocio
- Necesitas mejorar tu propuesta
- Tu producto deja mucho que pensar.

¿Se te ocurren más? Cada vez que un cliente muestre resistencia, observa si puedes conectarla a una de las seis objeciones reales. Entonces, prepárate. Prepara maneras eficaces de refutar con sentido cada una de ellas y deja en alto tu producto, empresa e industria.

Descubre la objeción real: Tres técnicas de aislamiento

Estudia los siguientes tres enfoques para aprender a manejar las objeciones y practícalos tanto como te sea posible. Hazlos tuyos. He visto a decenas de vendedores memorizar las palabras y luego fallar en decirlas con gentileza y empatía.

Podrás estar preparado para aislar las objeciones y responder a las preocupaciones de tus clientes, pero si te impacientas o te agitas, nunca llegarás a la meta. Así como ser consciente de nuestras emociones nos ayuda en las ventas, permitirnos el lujo de dejarnos manejar por ellas suele salirnos bastante costoso.

Existe una tendencia humana natural —que hay que superar— a responder a las objeciones de los clientes antes de aislarlas. Al cerrar, debes ir despacio. Escucha. Asegúrate de entender el punto de tu prospecto antes de tratar de convencerlo del tuyo. Decir lo que tienes que decir con un tono agudo y condescendiente nunca funcionará. Tu meta no es tener razón; es hacer la venta. Esto no es un momento de decir ¡*Te dije que tenía razón!*

Si las utilizas con eficacia, cada una de estas técnicas llevará al cliente de un estado negativo a otro más receptivo. Así, él te revelará su verdadera preocupación y se abrirá a tu oferta:

1. Enfrenta el cierre con "Si hubiera sido la próxima semana"

Este enfoque contrasta en gran manera con el cierre de alta presión: "Esta oferta es válida solo para un día". Sin embargo, no te equivoques, el objetivo sigue siendo cerrar la venta ahora o tan pronto como sea posible. Crea tu propia variación basándote en el siguiente script:

Cliente: tenemos que pensar en ello.

Vendedor: no hay problema. Sé que esta es una decisión importante y quizá te sentirás mejor si te tomas tu tiempo. [Pausa. Saca tu calendario electrónico o tu libreta de papel]. ¿Cuánto tiempo crees que necesitarás para decidir?

Cliente: por lo menos, un mes.

Vendedor: [Elije una fecha alrededor de un mes. Es importante elegir una hora exacta para hacer el seguimiento. No dejes que la hora sea un dato impreciso]. ¿Qué te parece si te llamo el 24 de octubre, digamos que a las 9 a.m.?

Cliente: estaría bien.

Vendedor: de acuerdo, la anotaré.

En este punto, tu cliente se relajará visiblemente. En su mente, no tendrá que tomar una decisión hoy, ni hacer preguntas, ni tratar de entender algo que le parece complicado. ¡Ya no está bajo presión! Y lo que es más importante aún, se ha movido de su amígdala a la parte ingeniosa de su cerebro (del modo iguana al modo sombrero de fiesta). Ya puede pensar con más claridad e identificar preocupaciones que ni siquiera se dio cuenta que tenía.

A continuación, esto es lo que debes hacer:

Vendedor: solo por curiosidad, supongamos que es un mes a partir de ahora y te llamo a las 9 a.m. ¿Hay preguntas o preocupaciones que piensas que podrías tener en ese momento?

Cliente: bueno, creo que solo tenemos que hacer más investigación con respecto a tu empresa y asegurarnos de que esta es la mejor opción para nosotros.

¡Ajá! Acabas de pasar de la excusa a la verdadera objeción.

Este enfoque es poderoso. Es opuesto por completo al que los clientes esperan y esto hace que ellos se relajen, lo cual pone en funcionamiento su parte creativa. Ahora, ya pueden evidenciar cuál es la causa de su desasosiego. Esta es una gran técnica para usarla cuando escuchas decir, por ejemplo: "Tengo que pensarlo" o "No estamos listos para decidir ahora". Todo se reduce a descubrir cuál de las seis objeciones reales está reteniendo a tu cliente y así poder desactivarla eficazmente. Si tienes éxito en hacer este cierre, tu cliente se abrirá contigo y lograrás superar la fuente real de sus preocupaciones.

2. Reafirma las preocupaciones del cliente

Muchos vendedores se congelan cuando el cliente les dice: "Tengo que pensarlo", "Tenemos que hablar con el área legal" o "No tenemos presupuesto". El problema es que estas excusas enmascaran la verdadera objeción. Sin embargo, reafirmando sus inquietudes usando una redacción específica descubrirás cuál de las seis objeciones reales es la que él tiene.

Sigue estos cinco pasos:

1. Escucha atentamente la preocupación de tu cliente.

2. Utiliza una "declaración de puente", como "Entiendo cómo te sientes —por supuesto, esta es una gran decisión". Luego, reafírmale su preocupación y pídele validación.

3. Aísla la objeción para asegurarte de que es la única.

4. Responde a la(s) objeción(es).

5. Cierra.

Aquí está este enfoque de cinco pasos en acción:

Cliente: tendremos que pensar en esto y te volveremos a contactar. Simplemente, no estamos preparados para tomar una decisión.

Vendedor: entiendo. Esta es una gran decisión. Me parece que tienes *algunas preocupaciones* antes de seguir adelante. ¿Es eso correcto?

[Nunca repitas frases vagas como: "Tendremos que pensar en esto". Mejor encuentra una manera más tangible de reafirmar esa parte. ¿Por qué? Porque es posible hacerles frente a *algunas preocupaciones;* a lo que no puedes hacerle frente es a eso de que *tengo que pensar en esto*].

Cliente: sí, eso es correcto.

[Una vez que hayas reafirmado las preocupaciones del cliente, intenta ir más lejos y procura aislarlas utilizando el lenguaje preciso de reafirmación anterior].

Vendedor: aparte de esas *preocupaciones,* ¿hay alguna otra razón por la cual no te sientes cómodo de avanzar en esto?

Cliente: no, eso es todo. Solo necesitamos un tiempo.

Vendedor: [Pausa. ¡Esto es importante!].

[En este punto, una de dos cosas ocurrirá: el cliente permanecerá con su decisión de no comprar o, si todo sale bien, te dará a conocer su verdadera preocupación].

Cliente: no estoy seguro de que esta propuesta se integre con nuestro nuevo sistema. Tendré que discutirlo con nuestro Departamento de Tecnología.

Ahora, ya tienes una objeción real con la cual trabajar.

3. Lidia con el fantasma en la habitación

Esta es una técnica excelente cuando tu cliente utiliza a terceros como una excusa. Tú sabes a lo que me refiero. Sucede todo el tiempo: fuiste lo bastante afortunado para encontrar un prospecto calificado, generar una buena relación con él, a él le encanta tu producto y el precio le pareció adecuado.

Sin embargo, hay un problema: él necesita hablar con su hermano (o madre, doctor, abogado o miembros del consejo) al respecto. Este hermano, por supuesto, está de vacaciones en Italia y no se sabe cuándo llega. A este tercero, yo le llamo "el fantasma en la habitación". (Recuerda: le di esta excusa a Charlie, el vendedor de Land Rover).

Cuando tu cliente aduce que necesita hablar con alguien más, esa puede ser una excusa, no una objeción real.

Demasiados vendedores intentan refutar esa excusa dejando escapar propuestas como: "Llamémoslo por teléfono", "Estoy seguro de que a él le va a encantar. Comencemos a elaborar el papeleo". ¿Cuál es el problema al decir eso? Que, a menos que se trate de un producto con un largo ciclo de ventas, este enfoque va dirigido a la excusa del cliente y no a su preocupación real.

La próxima vez que un cliente te diga: "Quiero consultarlo con mi hermano, madre, dentista o miembros de la junta", aplica la siguiente técnica. La primera vez que la puse en acción, me encantó.

Irene le estaba vendiendo un apartamento en una comunidad de alto nivel de vida a una pareja mayor en Scottsdale. A sus prospectos, el Sr. y la Sra. Bayfield, les encantaba la idea de una vida estilo *resort*: las actividades, los programas educativos y el entretenimiento del lugar fueron más allá de lo que ellos habían imaginado.

Después de completar el tour por el conjunto residencial, Irene les propuso hacer el cierre. Los Bayfields le aseguraron que estaban interesados y que solo necesitaban conversar con sus hijos.

La conversación fue así:

Sra. Bayfield: Nos comunicaremos contigo después de hablar con nuestros hijos.

Irene: no hay problema. Entiendo perfectamente. Solo por curiosidad, si sus hijos no lo aprueban, ¿debo asumir que ustedes dirán que no con respecto a comprar en esta comunidad?

Sr. Bayfield: es muy probable. Nos gustaría saber su opinión, ya que ellos serán quienes vendrán a visitarnos.

Irene: eso tiene sentido. Ahora, si ellos dicen que sí, ¿ustedes seguirán adelante con esto?

Sra. Bayfield: ¡Por supuesto!

Irene: ¿Por qué quieren mudarse aquí? [Pausa. Esta es la parte difícil, sobre todo para los vendedores. ¡Quédate quieto y deja que te den una respuesta!].

Sr. Bayfield: bueno, nos encanta el aspecto de la comunidad. Tenemos amigos aquí y preferimos mudarnos a un lugar como este ahora, antes de que uno de nosotros esté enfermo.

¿Ves lo que pasó? Los Bayfield confirmaron su propio motivo de compra dominante. Irene les permitió darse cuenta por sí mismos que el hecho de hablar con sus hijos era innecesario. Esta técnica incorpora un principio científico llamado disonancia cognitiva: es la desconexión que se establece si sentimos que nuestras acciones no están alineadas con nuestras creencias. La verdadera preocupación de los Bayfields era establecer un ambiente seguro para su vejez y por eso comprendieron que hablar con sus hijos, en primer lugar, no tenía nada que ver con su objetivo real. Una vez que reconocieron su disonancia cognitiva, pudieron tomar su propia decisión. Al preguntarles por qué dicen que sí, estás llevando a tus clientes a articular todas las razones a favor de tu producto. Y nadie quiere quedar como un mentiroso.

Llévalo a la acción

Practica las 7 estrategias para eliminar la resistencia

La gente se ha resistido a los vendedores desde el principio de los tiempos. Así como los vendedores tienen un modo predeterminado, los prospectos también. Su respuesta automática es decir: "¡De ninguna manera, José!".

Enfréntalo. La gente no quiere que la convenzas. Y este sentimiento va en aumento a medida que avanzamos por la vida. Según Terry Jones, fundadora de Kayak.com, el 98% de todos los estudiantes universitarios preferiría comprar en línea y evitar a los vendedores a toda costa. Como dice Mike Weinberg en *New Sales Simplified*, el hecho de que los clientes tengan resistencia hacia las ventas no es tu *culpa*, pero sí es tu problema[2]. Por fortuna, este es un problema que se resuelve con el entrenamiento adecuado.

Los pasos a seguir son:

1. Define desde el comienzo qué concesiones harás

¿Qué concesiones estás dispuesto a hacer? Es mejor que lo sepas antes de dirigirte al cierre, antes de que tu adrenalina se ponga en marcha. En el calor del momento, tal vez estés dispuesto a encimar hasta tu perro y el fregadero de la cocina sin pensar en las consecuencias financieras de tu oferta.

Antes de iniciar cualquier negociación, define con claridad cuáles serán los descuentos, las mejoras e incentivos que ofrecerás. ¿Qué tan lejos puedes ir? ¿Qué tan lejos debes ir? Planifica lo que el cliente te dará a cambio. No le ofrezcas descuentos sin pedirle nada en retorno.

Recuerda, saber lo que vas a conceder y cuándo lo concederás son dos cosas diferentes. Siempre es mejor empezar con concesiones más pequeñas e ir ofreciendo otras mayores a medida que vaya avanzando la negociación. Nunca digas: "Tómalo o déjalo" a menos que estés dispuesto a alejarte. Si planeas con anterioridad, harás más ventas y parecerás más sólido y más confiado frente a tus clientes.

2. Resume tu oferta

Después de hacer la demostración de mi producto frente a los clientes, me gusta pedirles que me cuenten cómo se sienten al respecto. "¿Qué te gusta de lo que te he mostrado hasta ahora?". Lanza esta pregunta para hacer a un lado el impedimento que podría surgir respecto al precio: "Suponiendo que los números funcionen, ¿qué te gusta de mi producto hasta ahora?". Asegúrate de hacérsela a todos los presentes. Es probable que te digan lo que les gusta o tal vez te hagan alguna objeción. De cualquier manera, te darán información valiosa.

3. No trates de convencer con incentivos

Cuando tratas de convencer con incentivos, pierdes credibilidad, sobre todo si tu cliente no está dispuesto a comprar. Solo conseguirás lucir desesperado —lo cual hace que el cliente se pregunte qué está mal con tu producto o contigo. El otro día, entré a una tienda de canotaje para matar el tiempo mientras mi hijo estaba en el local de al lado en una clase de karate. Los vendedores se ofrecieron a tirarse en unos esquís acuáticos y a ponerse un traje de neopreno si les compraba un bote antes del fin de semana. El problema es que, aunque lo de los esquís acuáticos sonaba divertido y el traje de buceo es el adecuado para practicar ese deporte, yo no estaba nada convencida de gastarme $55.000 dólares en un bote, así que ese bono no tenía ningún significado para mí.

4. No envíes una propuesta, ni hagas un contrato hasta que todas las partes involucradas no estén de acuerdo con los términos

Te apuesto que has escuchado esto antes: "Envíame una propuesta", "Ponlo por escrito". Estas podrían ser excusas. Solidifica todos los términos del trato con todos los encargados de tomar decisiones relevantes antes de comprometerte a redactar una propuesta. Si no lo haces, tu cliente podría cambiar de opinión o modificar el trato dejándote poco espacio para moverte. Además, a veces, cuando la gente pide una propuesta por escrito, es porque lo único que quiere es deshacerse de ti sin herir tus sentimientos. Si sientes que eso es lo que está pasando, pregunta. Si piensas en vender como una búsqueda de la verdad, descubrir cómo se siente tu prospecto es esencial. De lo contrario, terminarás escribiendo un montón de propuestas que nadie leerá.

5. Replantea las objeciones respecto al dinero

A menudo, escucho a los clientes decirles a los vendedores que necesitan revisar su presupuesto, reflexionar sobre él durante un tiempo o pensar en esa inversión en términos financieros. Así que aquí está una prueba. ¿Cuál de las seis objeciones reales es esa?

Respuesta: Todavía no lo sabes.

Demasiados vendedores asumen que estas respuestas significan que el cliente no puede pagar su producto o servicio. Sin embargo, no sabrás cuál es su verdadera objeción hasta que la aísles. ¿Es esa una cuestión de sentido financiero o de dinero?

Pruebe esta técnica para replantear una objeción:

Vendedor: "Eso tiene sentido. Déjame preguntarte esto: cuando dices que vas a analizar los números, ¿estarás revisando para ver si nuestro producto / programa te ahorrará dinero o si te da más valor por el dinero que ya estás gastando?".

Este tipo de intervención te permite conocer el verdadero problema al mismo tiempo que el cliente reconsidera tu producto.

Tú has destacado el hecho de que tu producto puede no costar menos dinero, pero sí tiene mayor valor. De esta manera, abres la puerta a una discusión de valor en lugar de dejar que esa misma puerta se cierre a causa de una objeción de dinero.

6. Asegúrate de tener toda la atención de tu prospecto

Tus clientes deben estar atentos y comprometidos antes de que tú les propongas la venta. Si observas que están pendientes de sus teléfonos o que parecen distraídos con otras cosas, para.

Un amigo mío estaba negociando una asociación estratégica con un empresario exitoso.

"Cometí un error craso", me dijo. "Mi cliente iba conduciendo por una autopista en Europa, junto con su esposa y aquí estaba yo en el otro extremo de la línea tratando de negociar los términos, títulos y salarios de nuestra asociación".

La verdad es que, en primer lugar, las grandes ofertas se hacen mejor en persona. Sé que tenemos GoToMeeting, Skype, Zoom Band y Boom, pero vamos a ser reales. Nada supera la comunicación frente a frente. ¿Cómo puedes pasar la "prueba del olor" si no pueden olerte? Por fortuna, Internet todavía no ha llegado al punto en que podemos olernos unos a otros en línea. ¡Agradezcámoslo!

7. Guarda la información importante para el final

Dependiendo de tu producto, ¡es posible que no quieras mostrarles todo a tus clientes de una sola vez! ¿Has oído hablar de guardar lo mejor para el final? Cuando guardas cierta información valiosa —por ejemplo, un servicio de atención extra— estás reservando una herramienta de negociación que podrías necesitar bastante.

Recuerda, a los consumidores se les ha enseñado a decir "no" antes de que digan "sí". Desafortunadamente, la mayoría de los representantes de ventas responde bajando el precio. En cambio, cuando te abstienes de mostrar algo valioso, tienes mayor ventaja en la negociación.

Pregúntate, ¿qué añade valor además del precio?

- Incentivos

- Servicio VIP

- Garantía extendida

- Programa de bonificación

- Mayor uso

Cuando tu cliente solicita un descuento, responde preguntándole a cuál incentivo está él dispuesto a renunciar.

Remplaza el trabajo duro con trabajo hecho con el corazón

Los compradores no tolerarán niveles altos de presión, ni la falsa urgencia. Averigua por qué tus prospectos están objetando. No me refiero a la razón que ellos inventan, ni a la razón inventada que te das a ti mismo. Me refiero a la razón *real y honesta* por la cual ellos oponen resistencia. Armado con esta información, ya puedes abordar su verdadera preocupación y cerrar el trato.

Mantén tu presentación simple y atractiva, de tal manera que ellos se decidan a poner la carne de búfalo en su carro del supermercado. Si te dan una excusa, descubre el verdadero problema. ¿En qué estado se encuentran? Sácalos de su estado de indecisión y trasládalos al de satisfacción. Los clientes de hoy no quieren sentirse forzados, sino liderados. Cuando les pidas la orden, no la estarás presentando después de haber hecho un trabajo duro, sino de haberles brindado la cantidad justa de paciencia y gentileza, y de un *trabajo hecho con el corazón*.

Ahora que ya sabes cómo cambiar el estado emocional del comprador, nuestra última verdad universal cambia nuestra mirada y nos lleva a enfocarnos una vez más en lo interior. Durante nuestras conversaciones con los clientes, ¿estamos buscando lo que está bien o lo que está mal? ¡Esa es una distinción vital para los vendedores! Aprenderás todo al respecto en el próximo capítulo.

CAPÍTULO 10

Lo negativo
obstruye lo positivo

Verdad universal #10: cada día, en cada encuentro, tienes una opción, buscar lo que es correcto sobre esa persona o experiencia —lo que es valioso o productivo— o buscar lo que está mal. Cuando interactúes con tus asociados o con tus clientes, no busques razones por las que ellos no comprarán. Mejor enfócate en las razones por las que sí comprarán. ¡Lo que buscas, ten la certeza de que eso es lo que encontrarás!

Si solo tuviera un trampolín

Cuando yo era una niña y vivía en el norte de California, quería un trampolín más que nada en el mundo. Me quejaba con mis padres: "Si solo tuviera un trampolín, nunca me aburriría". Pero cuando lo conseguí, nada cambió realmente. Bueno, *no nada*: el mantra cambió, aunque muy poco. Se volvió: "Si solo tuviera un ciclomotor, nunca me aburriría".

Cuando tenía 16 años, mi familia se mudó a una ciudad soleada cerca de la playa y las cosas cambiaron de nuevo. En el sur de

California, si eras bonita, lo tenías todo. La vida era perfecta. Ser "bonita" significaba tener cabello lacio largo, dientes blancos perfectos, piernas largas de color Kahlua y ojos grandes y expresivos. Yo era bajita, de pelo ondulado y ojos pequeños.

Tuve un grupo de mejores amigas. Nos llamábamos la YMCA: "Tú (You), yo (Me), Colleen y Adams". Lisa Adams era tan hermosa que la llamamos "Lisa Hermosa". Ella era la reina de la escuela y la presidenta de la clase. Lisa Hermosa se parecía a Brooke Shields y su novio era el capitán del equipo de fútbol. ¿Cómo sería ser Lisa Hermosa?

Mi mantra cambió de nuevo. Si solo me pareciera a Lisa Hermosa, ¡por fin sería feliz!

Fue una noche de diciembre en 1979. Las YMCA estábamos celebrando nuestro ritual de Navidad en la casa de Lisa en Palos Verdes Hills. Ya íbamos en nuestra segunda botella de vino blanco.

"¿Qué se siente ser tan hermosa?", le preguntó Kathy a Lisa Hermosa. Ella era el "Yo" de YMCA.

Todas nos inclinamos hacia delante para escuchar la respuesta. Cada una de nosotras siempre quiso hacerle esa pregunta, pero ninguna había tenido el coraje.

Lisa permaneció en silencio durante varios respiros.

"Es solo una cosa más", dijo.

¿Qué?

"Sí, así como Colleen es una gran bailarina", agregó, "y Kate tiene esa personalidad tan magnética, y Karen es persistente, y Shari es tan creativa. Cada una de nosotras tiene algo especial. Cada una de ustedes es increíble".

Fue entonces cuando me di cuenta de lo increíble que era Lisa. Ella y yo siempre habíamos tenido una especie de rivalidad, o, por lo menos, yo la había tenido con ella. Y aquí estaba, a los 17 años, tan elegante y llena de gracia, reflejando de nuevo toda la luz que la hacía brillar.

"Y esa cosa, por sí sola, no te hace feliz", prosiguió Lisa. "Yo todavía tengo problemas. Muchos problemas".

No fue sino hasta cuando me convertí en adulta que me di cuenta de que, como todos nosotros, Lisa también tenía sus propios obstáculos que superar. Pero mucho antes de que entendiera toda la profundidad de la lección de Lisa, ella me ayudó a ver que no valía la pena desperdiciar mi vida soñando con todos mis "si solo". Aprendí a dejar de obsesionarme con lo que me faltaba y empecé a pensar en lo que tenía y me agradaba.

¡Eso cambió todo!

Cuando creas que tienes suficiente dinero, amor, recursos y apoyo para realizar tus sueños, atraerás aún más abundancia. Las personas que logran darle significado a su vida son las que cambian, primero y más que nada, su actitud. Si eres feliz por dentro, serás feliz con lo que te rodea.

Invierte la fórmula de "Felices para siempre"

Desde niños nos enseñan que si nos casamos con el príncipe o la princesa de nuestros sueños, conseguimos el mejor de los trabajos y tenemos hijos, viviremos felices para siempre. Ese es un mito. No existe eso de "felices para siempre". Sin embargo, existen maneras de entrenar tu cerebro para ser más positivo.

En lugar de guardar la esperanza de que un día tendrás éxito y que en ese momento todos tus problemas desaparecerán, necesitas invertir la fórmula. El optimismo alimenta la productividad. Piensa en esto por un momento: es posible reprogramar tu cerebro y funcionar de manera más positiva y optimista. El tema de este capítulo es cómo poner en práctica la fórmula para lograr ser optimista. En concreto, aprenderás a:

- Aprovechar la neurociencia de la positividad para alcanzar tus metas.

- Superar el factor miedo.

- Practicar seis rituales que promueven el optimismo.

En resumen, el optimismo requiere esfuerzo. Recuerda que la satisfacción que surge de la excelencia —desde adquirir dominio hasta alcanzar tus metas— es más poderosa que la felicidad fugaz que sientes después de comerte un cono de helado o beberte una margarita en la playa. La verdadera satisfacción no consiste en estar allí; consiste en *llegar* allí. O como la cita a la que se refirió el maestro motivador Earl Nightingale de *Don Quijote*, de Cervantes: "El camino es mejor que la posada".

La neurociencia del positivismo

Cuando te sientes feliz, bien descansado y positivo, eres más productivo y lleno de ideas. Haces más negocios porque tu positividad es contagiosa.

Por otro lado, cuando vives temeroso o enojado, te sientes atrapado e incapaz de resolver problemas. Ves a tus clientes como no calificados o demasiado difíciles de convencer. ¿Por qué ellos te hacen perder tu precioso tiempo (cuando tú mismo podrías estar desperdiciándolo sin su ayuda)?

Parafraseando al escritor, conferencista e investigador americano sobre felicidad, Sean Anchor, cuando te sientes positivo, la dopamina inunda tu sistema y no solo te hace más feliz, sino que activa los centros de aprendizaje en tu cerebro, haciéndolo más receptivo a nuevas ideas y soluciones. Entonces, nuestro cerebro es capaz de trabajar más duro, más rápido y de manera más inteligentemente.

Superando el factor del miedo

Así que, todo eso suena muy bien. Pero, ¿cómo te mantienes positivo cuando no logras pagar tu hipoteca, ni has hecho una sola venta en semanas? ¿Cómo enfrentar los temores innatos, la ansiedad y la resistencia al logro?

Uno de mis libros favoritos es *The War of Art*, de Steven Pressfield. El tema principal es que, al intentar cualquier esfuerzo que valga la pena —cualquier cosa que te gustaría hacer— encontrarás resistencia. A menudo, es más fácil no intentarlo que arriesgarte a fracasar. Lo que separa a los profesionales de todos los demás es que, aunque ellos temen ciertas cosas, nunca se resisten a intentarlo todo y hacen lo que sea necesario para salir adelante.

"La resistencia es directamente proporcional al amor", escribe Pressfield. "Si estás sintiendo resistencia masiva, la buena noticia es que esto significa que allí también hay un amor tremendo. Cuanto más resistencia experimentes, más importante será para ti tu proyecto, empresa o don no manifestado"[1].

Pressfield continúa diciendo que el profesional ha aprendido que el éxito —como la felicidad— es el subproducto del trabajo. El profesional se concentra en el trabajo y permite que las recompensas vengan o no vengan.

Cuanto más apasionado estés respecto a tus metas, mayor será tu resistencia interna. Cuanto más apasionado seas, más debes ir en busca de optimismo.

No te estoy sugiriendo la falsa estrategia de que "finjas que eres hasta que los seas". La felicidad no es una sonrisa que implantas en tu cara; tampoco consiste en que recojas historias de felicidad aquí y allá y luego se las cuentas a los demás con el fin de convencerlos de lo feliz que eres. No. La felicidad no llega de repente en tu vida. Es un subproducto de muchas acciones específicas y de hábitos aptos para anular esa tendencia natural de tu mente hacia el miedo (ya hablaremos de esos hábitos en un momento).

Es intrigante, pero la búsqueda de la felicidad compite con nuestro "cableado" destinado a la supervivencia. ¿Recuerdas que hablamos de la amígdala en el Capítulo 9? Nuestro mecanismo de lucha o huida es un depósito de traumas pasados, miedo al fracaso y amenazas arcaicas percibidas anteriormente. El modo lucha o huida es útil si estás luchando contra un león en una montaña, pero es destructivo cuando tu propia banda sonora interna se queda atascada en una serie de amenazas percibidas. Es casi imposible cultivar el optimismo cuando estamos atrapados en el modo de supervivencia. Nuestra mente lógica se desactiva y nuestro corazón se cierra.

Se ha comprobado que el estrés secundario es útil para el logro de metas, pero encontrar el equilibrio adecuado entre el buen estrés y el estrés dañino es un reto al que nos enfrentaremos a lo largo de nuestra vida. Buscar lo que es correcto significa elegir hábitos y acciones conscientes que nos alejen del miedo y nos guíen hacia el optimismo. Significa dejar la culpa y la racionalización en la puerta y construir una vida digna de ser vivida. Significa dejar las filas de aficionados incontables y, en la frase de Pressfield, "vivir la vida con profesionalismo".

Seis rituales para construir una vida feliz

A veces pensamos que existe una bala mágica que nos catapultará hacia la felicidad y el éxito. Estamos buscando frenéticamente un polvo mágico, una nueva píldora o la última receta para hacer ventas exitosas aquí y allá. Odio desilusionarte, pero la verdad es que no existe *ni una sola cosa* que te traerá felicidad.

Manejar la felicidad es lo mismo que manejar cualquier habilidad. Si eres un artista, un músico o un atleta profesional, necesitas persistencia y tiempo para convertirte en un maestro de tu arte. Tienes que hacer bien un montón de pequeñas cosas; requiere de una determinación incansable y de consistencia en tu actitud y en tus esfuerzos.

Este principio se hizo aún más evidente para mí durante un viaje a la costa norte de Maui. Me cautivó un tazón de madera Koa y quise comprarlo. La etiqueta del precio tenía el número *cinco* en ella. Yo sabía que $5 dólares no podía ser el precio en esta bella tienda. ¿Sería $500? Sintiéndome un poco avergonzada, esperé a que el vendedor me atendiera. "¿Cuánto cuesta este tazón?", le pregunté.

Sin hacer una pausa, me respondió: "$5.000 dólares".

"¿$5.000 dólares?, pregunté súbitamente feliz ante el simple hecho de admirarlo sin sentirme obligada a comprarlo. "Tengo una curiosidad: ¿cuánto tiempo le tomó al artista hacer este tazón de $ 5.000 dólares?".

Sin vacilar, el hombre respondió: "Le tomó 36 años".

Cuando él vio mi expresión de confusión, me explicó: "Le tomó 36 años ser lo *suficientemente bueno* como para hacerlo en cuatro horas. Este artista es un maestro artesano".

No lo compré, pero la lección que recibí gratis no tuvo precio. En ese momento, supe que el vendedor me estaba diciendo lo mismo que yo había estado diciéndoles a los equipos de ventas durante años: cuando eres un maestro, no piensas que el proceso de ventas es solo el tiempo que estás frente al cliente, sino que pones en práctica rituales y generas hábitos positivos en cada aspecto de tu vida.

Defino como *rituales* a las acciones y comportamientos automáticos que realizas de manera consistente. Sin duda, tú tienes rituales que realizas todos los días, así seas consciente de ellos o no. Es posible que revises tu correo electrónico cuando te despiertas. Tal vez, haces una lista de tus mejores prospectos para ponerte en contacto primero con ellos. O cantas a todo pulmón tu canción de motivación preferida mientras vas camino a tu trabajo.

El hecho es que tu proceso de ventas comienza mucho antes de conocer a tu cliente. Los aficionados comienzan a vender en el momento en que saludan a sus clientes. Los profesionales saben que todo lo que hacen todos los días afectará su rendimiento. Los atletas olímpicos no comienzan a ganar una vez compiten por la medalla de oro. Ellos practican durante horas diarias, siguen una dieta de nutrición adecuada, descansan y visualizan su éxito durante años antes de presentarse a la verdadera competencia y participar en ella.

Puede ser un verdadero desafío despertar feliz todos los días; por eso es necesario tomar una decisión consciente para incorporar rituales de felicidad en nuestra práctica diaria. La positividad es una habilidad. Como el golf, debes examinarla, practicarla y perfeccionarla. Haz de estos pequeños rituales una parte de tu vida y te garantizo que verás un gran impacto:

- Cree antes de ver.

- Practica la gratitud.

- Crea conexiones más profundas, y no solo más de ellas.

- Practica el "engaño constructivo".

- Deja de resolver problemas.

- Encuentra tu propósito.

1. Cree antes de ver

Sin saberlo, puse a prueba la teoría de "primero la felicidad" hace varios años cuando mi socio Dave y yo encabezamos una nueva operación de ventas en Park City, Utah. A finales de diciembre de 1993, acabábamos de reclutar un equipo de ventas de los mejores y más brillantes, y estábamos debatiendo cuál sería el tema para nuestro próximo día festivo. La tradición de nuestra organización era premiar a los vendedores con resultado óptimos mediante trofeos, elogios y champán para celebrar los éxitos de los últimos años, pero por obvia razón, este tipo de conmemoración no sería posible para nosotros ese año. Como grupo nuevo, ¿qué éxitos teníamos que celebrar?

No estoy segura de quién fue el primero en proponer la idea, pero fue demasiado buena: ¿Qué tal si fingíamos que era un año en el futuro? *Hoy*, celebraríamos los logros *futuros* del equipo de ventas.

Por supuesto, había felicitaciones para todos. Compramos banderas, sombreros, tortas, globos y decoraciones festivas. A la entrada, pusimos unos letreros inmensos que decían: "Feliz Año Nuevo 1995". Pero la mejor parte fueron los trofeos. Hicimos trofeos para cada vendedor y los marcamos con la frase: "¡Felicitaciones! Mejor Vendedor de 1995".

Cuando los vendedores y sus familias entraron al salón, vertimos botellas de champaña en copas de lujo. Le presentamos a todo el equipo un premio por ser el mejor del año y nos felicitamos unos a otros por reunirnos como equipo y batir el récord de ventas de todos los tiempos.

"Felicitaciones, Linda. ¡Gran año! ¡Lo lograste!"

"¡Larry, buen trabajo! ¡Eres increíble!. ¿Es tu esposa? ¡Gracias, Hanna, por todo tu apoyo durante todo este año!"

Al principio, la gente estaba confundida. "Ese es el año equivocado", decían. "Aún no hemos vendido nada".

No pasó mucho tiempo antes de que el juego se hiciera más claro y todos se unieran.

Aplausos estruendosos acompañaron cada presentación de trofeos. Una vendedora, Sally, se sintió conmovida y se puso a llorar al aceptar su premio. "Quiero agradecer al equipo de liderazgo, al departamento administrativo y al resto de la academia", dijo sollozando.

Esa noche tuvo un éxito épico, pero aún mejor fueron los resultados de las ventas reales al final del siguiente año. ¡Nuestro departamento fue el número uno en toda la compañía y nos publicaron en una revista de la industria como el mejor complejo de propiedad en el mundo! ¿Fue coincidencia? Yo creo que no. Sally y el resto del equipo no solo se sintieron exitosos desde el primer día, sino que se concentraron en cumplir una meta más grande que ellos mismos. Todos permitieron que la sensación de éxito de aquella premiación los energizara y se enorgullecieron de su contribución a la consecución de los objetivos de su equipo y no simplemente en su propio premio al final.

2. Practica la gratitud

La gratitud es la madre de todas las demás herramientas de optimismo. Diversas investigaciones demuestran que es físicamente imposible apreciar a alguien y al mismo tiempo tenerle miedo. Piense en la gratitud como el antídoto contra el miedo y los sentimientos de carencia.

Participar en un simple ejercicio de gratitud es uno de los métodos más eficaces para mejorar tu bienestar general, dice el Dr. Dan Baker, proponente del movimiento de la sicología positiva[2] y autor de *What Happy People Know*. El Dr. Baker desarrolló un famoso ejercicio conocido como "auditoría de gratitud", diseñado para medir y mejorar esta cualidad. Es bastante simple: cada día, debes anotar tres cosas por las que te sientes agradecido. Por ejemplo, hoy, yo podría escribir: *por mi perrita Mamie, por mi familia y por mi pedicura*. Al día siguiente puedo escribir: *por vivir en Park City, por las papas fritas que me comí y por mi madre*. Otros experimentos positivos de sicología, como participar en pequeños actos de bondad a lo largo del día, también han demostrado aumentar la felicidad.

Este tono de felicidad no debe sorprenderte, una vez que eres consciente de él.

La próxima vez que te encuentres en un evento lleno de gente que trabaja en el campo de las ventas, observa cómo cambia el ambiente en el recinto cuando el líder les agradece a los asistentes.

Uno de los amigos de mi hijo perdió a su madre a causa de cáncer hace unos años. Él tenía solo 6 años cuando eso sucedió. Imagínate, si lo soportas, la desesperación y el nivel de dolor que puede acumularse en un niño que afronta esa circunstancia. Su dolor y miedo eran monstruosos.

Su familia se reunía alrededor de él y alguien le dijo en alguna ocasión que pensara en tres cosas por las que estuviera agradecido cada día. Cada noche, antes de acostarse y después de decir sus oraciones, él reunía la energía para hacerlo. Al principio, fue difícil. ¿Por qué podría estar agradecido? Su madre le fue robada y no había nada que él pudiera haber hecho para salvarla. La primera noche, no pudo hacerlo y temblaba en medio de su sueño.

Dos noches más tarde, logró decir que estaba agradecido por sus pinturas con los dedos y también por su hamburguesa. Una semana después, podía decir: "Por mi perro Roscoe y por el gran roble que está en el patio de atrás". Semanas más tarde, pudo decir: "Por mi papá, mi madrastra y mis amigos, y por mi futuro".

Al tomar nota de todo aquello por lo cual estamos agradecidos, retiramos el miedo del centro de nuestra mente permitiéndonos rehacer nuestros "neuro-caminos" hacia una vida mejor.

- ◆ Realiza una auditoría de gratitud. Haz una lista de lo que aprecias sobre tu producto, tus clientes y compañeros de trabajo. Deja de centrarte en lo que apesta en tu trabajo. Piensa o escribe sobre esto diariamente durante 30 días y observa lo que le sucede a tu nivel de optimismo. La investigación demuestra que cuando mantienes un diario de gratitud, tu felicidad aumenta.

- ◆ Da las "gracias". Piensa por un momento acerca de la alegría genuina que recibes cuando haces una pausa y dices "gracias". Cuenta las cosas, las personas y las circunstancias por las que estás agradecido. En 2014 —el año del Aniversario #10 de Facebook— su CEO y fundador, Mark Zuckerberg, reveló que se estaba desafiando a escribir una "nota de agradecimiento muy expresiva cada día, bien fuera por correo electrónico o a través de una carta escrita a mano".

"Para mí es importante hacerlo porque soy una persona muy crítica", admitió Zuckerberg a *Bloomberg Businessweek.* "Siempre veo cómo quiero que las cosas mejoren y, generalmente, no estoy contento con cómo son las cosas, ni con el nivel de servicio que le ofrecemos a la gente, ni con la calidad de los equipos que construimos"[3].

Dar las "gracias" obliga a tu cerebro a centrarse en el lado positivo de las cosas. Tú puedes decir "gracias" antes de saludar a tu invitado, de salir a dar un paseo por la naturaleza o durante un momento de oración y meditación. Decir "gracias" elevará tu estado de ánimo y te dará el estado mental que necesitas para afrontar tu día.

3. Crea conexiones más profundas, no solo más de ellas

Ojalá tuviera un dólar por cada persona que tiene más de 5.000 amigos en Facebook, pero aun así está sola un viernes por la noche. Si lo hiciera, ¡me las llevaría a todas a una gran cena de viernes por la noche! (De acuerdo, tal vez en Taco Bell. Esto podría resultar costoso). Para parafrasear a la conferencista y escritora Shasta Nelson, aunque la conexión a los medios de comunicación social está en el nivel más alto de todos los tiempos, la profunda conexión humana entre individuos está en el punto más bajo. Las empresas de medios sociales han respondido creando grupos y algoritmos para ayudarnos a conectarnos con más gente *como nosotros,* con los mismos pasatiempos, intereses y afinidades políticas. Llenamos nuestras redes con los llamados amigos, pero muchos de nosotros vivimos insatisfechos y solitarios.

El poder de la conexión humana es un tema bien documentado y crítico para nuestra salud y felicidad, y es un hecho que necesitamos conectarnos con otros desde temprana edad. Algunas investigaciones muestran que los niños criados en orfanatos sin una interacción persona a persona están en extremo riesgo de problemas conductuales, emocionales y sociales. La privación del contacto físico da como resultado niños con cerebros más pequeños, pesos corporales inferiores y niveles de estrés más altos[4].

Tómate el tiempo para crecer y cultivar amistades positivas dentro y fuera del trabajo. Estas relaciones no te alejan de tus funciones laborales, ni personales, sino que te ayudan a construir una vida más significativa.

Durante un tiempo, trabajé con una vendedora llamada Nan Curtain. Ella no solo forjaba profundas relaciones con sus clientes, sino que creaba una comunidad entre ellos. Ella les presentaba sus nuevos clientes a sus clientes estables y organizaba torneos de golf entre ellos; además, fomentaba nuevas alianzas comerciales. Su capacidad para crear conexiones profundas con y entre sus clientes la ubicó en el primer lugar en ventas año tras año.

Por tu propio bien, nutre las relaciones profundas que ya tienes y, si es apropiado, ayuda a tus clientes también a ganar bonos. Alentar a tu comunidad de una manera genuina te hace más que un vendedor: te convierte en una persona que vende.

4. Practica el "engaño constructivo"

En el concesionario Town and Country Jeep, en Long Island, como en todos los concesionarios del planeta, todos los vendedores se reúnen alrededor del tablero para analizar sus cifras del mes. Un buen mes es haber vendido 15 autos. Ahí es cuando llegan las bonificaciones del concesionario y de Chrysler.

Allí, Jason Mascia tiene menos de la mitad de la edad de la mayoría de los vendedores, pero ha duplicado el volumen de ventas de todos ellos. Mientras que la mayoría de los chicos de ventas se esfuerza por vender 15 carros al mes, Jason le apunta a 30 o 40.

Cuando les preguntaban a los otros vendedores qué hacía Jason de manera diferente, ellos contestaban con generalidades como: "Es un chico guapo" o "Él sabe hacer amigos". Pero según Sean Cole, de *This American Life,* quien siguió a Jason alrededor de una semana, se debe a mucho más que eso.

Sean le atribuyó el éxito de Jason al "engaño constructivo"[5]. ¿Has oído la expresión "Ves el vaso medio vacío o medio lleno"? Jason sabe que un cierto porcentaje de clientes saldrá sin comprar nada, pero eso no lo perturba porque él no solo no ve el vaso medio lleno, sino que lo ve desbordante. Él ve a cada cliente como un comprador potencial, no importa quién sea, ni de dónde venga. Llámalo un engaño delirante, pero parece que le funciona bastante bien.

Después de hablar con miles de vendedores sobre su éxito, he encontrado que este fenómeno es común entre los mejores. Ellos no solo buscan las razones por las que sus clientes van a comprar, sino que quedan estupefactos y extrañados cuando no lo hacen. En resumen, verás lo que esperas ver.

Existe un fenómeno científico que explica esta idea llamada "sesgo de confirmación". Algunos investigadores cognoscitivos han descubierto que tenemos una tendencia inconsciente a buscar y aceptar información que confirme nuestras precon-cepciones e ignorar, distorsionar o descontar información que las contradiga (o las desvirtúe)[6].

En otras palabras, cuando comienzas una llamada de ventas creyendo que los ingenieros no compran o que la gente del Departamento de Recursos Humanos siempre desbarata los tratos, terminas buscando señales que confirmen tus creencias. El problema es que, cuando haces esto, actúas basado en esos signos negativos y a menudo pierdes la venta.

5. Deja de resolver problemas

Vivimos en una cultura de resolución de problemas. Buscamos lo que está mal en las personas y en las ideas de los demás, en lugar de encontrar lo que hay de positivo en ellas. Muchos sicólogos se centran en nuestros trastornos mentales y no en las áreas de la vida en las que estamos bien. Las noticias pasan la mayor parte de su tiempo informando desastres, asesinatos y desorden político, y los médicos siempre buscan la enfermedad más que la salud y el bienestar.

Los vendedores hacemos eso mismo cuando entramos en depresión. Tratamos de medir: ¿qué estoy haciendo mal? ¿Por qué perdí esa venta? Y aunque estas son preguntas y preguntas útiles que *debemos hacernos* —mucho después de que haberse terminado el proceso de venta— no te olvides de preguntarte qué hiciste *bien*. Recuerda la última vez que estabas vendiendo a diestra y siniestra. ¿Qué hiciste bien? ¿Podrías cuantificarlo? ¿Puedes visualizarlo? Si todo lo que haces es diseccionar problemas, te alejarás de las soluciones.

Hace poco, acepté hacer un trabajo pro bono con una principiante que necesitaba llamar a 148 hospitales para completar una encuesta importante. Contrataron a una vendedora, Verónica, para hacer las llamadas. Después de seis semanas, ella se sentía frustrada y derrotada.

"Nadie me devuelve las llamadas", decía. "He dejado tres y cuatro mensajes de voz y la gran mayoría se niega a llamarme. Algunos tienen buzones que están llenos, así que ¡ni siquiera puedo dejarles un mensaje!".

Le pregunté a Verónica a cuánta gente planeaba contactar. Ella respondió que la meta de su jefe era del 50% y que la suya era del 70%".

"¿Y en este momento en qué porcentaje vas?", le pregunté.

"Apenas en el 18%". Verónica se sentía como una fracasada.

En lugar de centrarse en los que no participaron, le pregunté qué hizo para llegar al 18%. Todo su comportamiento cambió al compartirme lo que hizo y los obstáculos que superó. Verónica me explicó que cuando le iba bien, les agradecía a los clientes por tomarse el tiempo de atenderla, los escuchaba discutir sus desafíos incluso fuera del lugar de trabajo y planeaba abordar sus clientes más difíciles en las primeras horas de la mañana antes de enfrascarse revisando el correo electrónico y en otras actividades del proyecto.

¿Cuál fue el resultado? Que consiguió otro 40% en dos semanas. Al centrarse en lo que hizo bien, Verónica cambió su actitud y alcanzó sus metas.

6. Encuentra tu propósito

No te preguntes por qué haces lo que haces. Pregúntate: ¿quién quieres ser? ¿Qué le da sentido a tu vida? Estas son las preguntas más importantes que podemos hacernos. Son dos preguntas mucho más importantes que: ¿cuáles son mis metas? ¿Qué acciones debo tomar para llegar a ellas? Todo, desde tus metas hasta tus estrategias, fluye si sabes quién eres y por qué estás haciendo lo que estás haciendo.

Es posible que hayas oído hablar del libro *Man's Search for Meaning*. Si no, consíguelo. Su autor, el siquiatra Viktor Frankl, fue capturado por los nazis en 1942 y trabajó en campos de exterminio hasta que la guerra terminó en 1945. Su familia fue asesinada en los campamentos. La teoría de Frankl, conocida como "logoterapia", que proviene de la palabra griega "logos" (significado), sostiene que nuestro impulso primario en la vida no es el placer, sino el descubrimiento y búsqueda de lo que personalmente consideramos significativo[7]. ¿Qué te motiva desde lo más profundo de tu ser? ¿Por qué haces lo que haces?

¿Estás motivado por el amor o por el miedo? Una de las piedras angulares más significativas de la felicidad es saber en qué eres el mejor y usar esas fortalezas para darle valor a alguna causa que sea más grande que tú mismo.

Los vendedores pasan la mayor parte de su vida descubriendo las motivaciones de sus clientes, pero nunca se detienen a definir sus propias motivaciones.

Mi madre visitó una vez un templo Baha'i en Israel. Después de hacer un recorrido por el recinto, un hombre se le acercó a la salida y le preguntó si tenía alguna pregunta. Mi madre fue directo al punto: "¿Cuál es la creencia bahá'í sobre el propósito de la vida?".

"Depende de cada uno de nosotros encontrar nuestro propósito, y ese es el significado de nuestra vida", le respondió. "Creemos que Dios creó el mundo como una computadora grande. Dios es el maestro de esa computadora y cada uno de nosotros es una de los millones de partes de esa computadora. Todos tenemos un papel especial que desempeñar. Nuestro trabajo es descubrirlo".

Define tu papel. ¿Cuál es tu propósito en este mundo interconectado? Una vez que lo descubras y comprendas cómo eso ayuda a otros, el mundo conspirará para ayudarte.

Acabo de ver una entrevista con Kevin Plank, el CEO de Under Armour, una de las compañías de ropa americanas de más rápido crecimiento. Su propósito no es solo ganar dinero y ni siquiera fabricar ropa. Su mayor motivación es ayudarles a miles de estadounidenses a volver a tener un trabajo, limpiar la violencia en las ciudades con alto desempleo y volver a hacer de Baltimore una ciudad deseable tanto para las familias como para las nuevas generaciones[8]. Su propósito no solo es emocional, sino que involucra a otros.

Busca tu motivación principal: tu verdadero propósito. ¿Estás trabajando para tus hijos o tal vez para apoyar a tu cónyuge? Cuando tu propósito se alinea con tu talento, tienes la mejor de las oportunidades para alcanzar el éxito. Encuentra un significado más grande que tú. Aquí hay algunas ideas para activar tus pensamientos:

- **Si te ganaras $5.000 dólares adicionales por mes, ¿qué haría con ellos?** ¿Más viajes? ¿Ahorrar para tu jubilación? ¿Comprar cosas interesantes? ¿Donar más a obras benéficas? Una vez que tengas una respuesta, sigue preguntándote: "¿Y entonces qué? Digamos que puedo hacer todo eso. Entonces, ¿qué más haría?" Si sigues preguntándote, descubrirás tus motivadores de tercer nivel: pasar más tiempo con la familia, aumentar tu seguridad financiera, pagar la educación de tus hijos. Cuando descubres tus motivaciones más profundas, comienzas a descubrir por qué haces lo que haces. Tus porqués te moverán más allá del miedo y del rechazo.

- **¿Qué quiere que diga tu obituario?** En su libro *The Road to Character*, David Brooks discute la diferencia entre las "virtudes de una hoja de vida" y las "virtudes de un obituario". Brooks nos recuerda que las virtudes que pones al mercado son cualidades como la capacidad de manejo, la competencia y la sociabilidad.

  Por otra parte, las virtudes de un obituario son aquellas de las que las personas hablarán sobre ti en tu funeral. ¿Eras amable, honesto, empático y leal? "Muchos de nosotros tenemos más claridad sobre cómo construir una carrera externa que sobre cómo construir un carácter interno", escribe Brooks[9].

¿Qué quieres que sea tu legado? ¿Cómo te gustaría ser recordado? ¿Tus acciones se alinean con tus valores? Estas son las virtudes que necesitas hoy para destacarte por encima de tus competidores. La combinación de carácter y habilidades es lo que necesitas para irradiar confianza interior y éxito exterior.

◆ **¿Qué te hace olvidarte de comer y dormir?** Todos hemos tenido ese tipo de experiencia en la que estamos tan concentrados en algo que pasan seis horas y decimos: "Oh Dios mío, me olvidé de comerme mi atún". Cada trabajo tiene su lado negativo. Por ejemplo, en el mío. no me gusta el papeleo que tengo que hacer.

Tú puedes amar las ventas, pero odias ingresar datos. Pero a medida que domines las tareas menos glamorosas, encontrarás más alegría en todo tu trabajo. Cuando la alegría es un subproducto de tus labores, en vez de tu objetivo, cosecharás mayores recompensas.

Los vendedores de alto rendimiento comprenden la diferencia entre felicidad y satisfacción. Me llevó un tiempo aprender que no son lo mismo. La felicidad es efímera. Tiene que ver con acontecimientos externos, cosas brillantes y símbolos. Y, en la medida en que alcancemos la felicidad a través de las posesiones materiales, no quedaremos cortos al tratar de alcanzar cualquiera de los dos.

Muchas personas se dedican a su oficio únicamente para ganar dinero, *para hacer negocios* o para comprar la próxima cosa nueva que se ponga de moda. "Si solo tuviera un Mercedes Benz, nunca me aburriría".

"Si pudiera cerrar ese gran negocio, mi vida sería perfecta". "Si lograra cambiar de compañía, tendría éxito". Y así sucesivamente. Tus "si solo" dirigen cada uno de tus movimientos y controlan cada uno de tus pensamientos.

Encuentra tu verdadero propósito, y el optimismo que necesitas para sentir verdadera satisfacción y alcanzar el éxito, crecerá dentro de ti.

Un talento raro

Tengo una confesión que hacer. Comencé siendo una vendedora menos que mediocre. Pasé cinco años vendiendo muy poco y haciendo aún menos. Y luego, tuve una semana extraordinaria. Fue un poco después de que mi jefe y mentor, Greg, me preguntó a qué estaba dispuesta a renunciar para alcanzar mis metas. Estaba trabajando hasta tarde cuando Greg se me acercó y me dijo: "Shari, necesito verte antes de que te vayas esta noche".

Terminé de redactar el contrato de cliente en el que estaba trabajando y comencé la larga caminata hasta su oficina del sótano. Tenía la boca seca. Me hallé a mí misma tratando inconscientemente de controlar mi respiración, bastante irregular, por cierto. No lograba deducir qué había hecho mal; nunca antes me habían llamado a la oficina del jefe. Tuve que controlar mis labios para que dejaran de temblarme; no podía hacer contacto visual.

No necesitaba preocuparme. Greg me invitó a sentarme, cerró la puerta de la oficina, me miró a los ojos y dijo: "Shari, he estado en este negocio por 18 años. Te he estado observando y veo que *tienes un talento raro*. ¡Si sigues aprendiendo y entrenando, tienes todas las posibilidades de ser la número uno en la industria!".

Yo no lo podía creer. ¡No solo no estaba en problemas, sino que estaba recibiendo elogios que nunca antes había recibido! "Si sigues haciendo un buen trabajo e inviertes en un poco de entrenamiento, llegarás a ser una de los mejores vendedoras que esta industria ha visto", me dijo.

Salí de su oficina con la cabeza en alto, con nuevas energías y emocionada. A la mañana siguiente, llegué más temprano —ahora, era claro para mí que yo tenía todo ese talento que necesitaba para alcanzar mis metas. Compré todos los libros sobre estrategia de ventas, sicología y toma de decisiones que pude encontrar.

Al final del año, yo era la número uno en todo nuestro complejo. El segundo año, yo era la número uno en todos los Marriott.

Había trabajado más duro que nunca en mi vida y hasta conseguir cada logro. Greg me felicitó por mi "raro talento". Eventualmente, él me convirtió en gerente. Dos meses después, encontré que mi "raro talento" no estaba relacionado con la administración; era una miserable fracasada en mi nuevo puesto. La mitad de mi equipo me quería, la otra mitad me odiaba y los empleados cambiaban de opinión al respecto día a día. No lograba hacer nada bien. Finalmente, entré en la oficina de Greg y levanté las manos diciendo: "No estoy hecha para cargos administrativos".

"¿Por qué tardaste tanto en reconocerlo?", fue su respuesta.

"Cuando eras vendedora", continuó, "vivías pidiendo entrenamiento y ayuda casi a diario. Ahora que eres gerente pareces pensar que ya deberías saberlo todo".

Mis ojos se abrieron.

"¿Vas a dejar de fumar?", me preguntó al tiempo que yo sacudía mi cabeza y me limpiaba mis lágrimas. "¿O quieres que te ayude? ¿Quieres que te enseñe cómo ser la mejor gerente de ventas del mundo?".

Asentí.

"De acuerdo, escucha", prosiguió, "vas a tener muchos vendedores trabajando para ti a lo largo de tu carrera. Algunos serán buenos. Otros, no. Pero cuando encuentres a alguien que esté dispuesto a aprender, aunque no sea tan bueno, siéntate con esa persona, cierra la puerta de la oficina, mírala a los ojos y dile que tiene un *talento raro*. Dile que con un poco de entrenamiento, tendrá la capacidad de convertirse en la número uno de la industria".

Yo estaba furiosa.

"¿Me estás diciendo que durante todo este tiempo que me has dicho que yo tengo un talento raro no lo decías en serio?".

Greg se rio tan fuerte que casi se cayó de su silla. "¿Cuál es la diferencia?".

De repente, lo entendí. No importaba si al principio yo había tenido o no un "talento raro". No importaba si Greg estaba inventando. Lo que importaba era que Greg tenía la rara habilidad de hacerme creer en mí misma.

Busca lo bueno que hay en ti. Tú tienes que creer en ti antes de esperar que tus clientes crean en ti.

Cada día, en cada encuentro, tú tienes una opción: puedes buscar lo que está bien o puedes enfocarte en lo que está mal. Para obtener confianza, confía. Para ganar respeto, respeta. Para ser aplaudido por tu talento, busca y admira el talento en otros. La felicidad que proviene de la excelencia no se puede comprar. La alegría que fluye de compartir tu corazón es imposible de medir.

Construir habilidades es importante, pero construir nuestro carácter es aún más importante.

NOTAS

Introducción

1. Ferris Jabr, "Why Your Brain Needs More Downtime", Scientific American, Octubre 15, 2013.

2. "Habits: How They Form And How To Break Them", NPR, Marzo 5, 2012.

3. David Mayer and Herbert M. Greenberg, "What Makes a Good Salesman", Harvard Business Review, Julio 2006.

4. Kai Ryssdal "Goldfish have longer attention spans than Americans, and the publishing industry knows it", Marketplace, Febrero 11, 2014.

5. Linda Sivertsen y Danielle LaPorte, "Robert McKee: Story is Everything", podcast audio, Beautiful Writers Podcast, MP3, 1:00:00, Marzo 19, 2016.

6. Zig Ziglar, See You At The Top (New York: Simon & Schuster, 2009).

7. Dan Levitin, "Why the modern world is bad for your brain", The Guardian, Enero 18, 2015.

Capítulo 1. El éxito comienza con el deseo de crecimiento

1. Renee Sylvestre-Williams, "Why Your Employees Are Leaving", Forbes, Enero 30, 2012.

2. Carol Dweck, Mindset: The New Psychology of Success (New York: Random House, 2007), 6-7.

3. Ibídem.

4. "Benjamin Franklin Biography", Biography, última modificación en Noviembre 17, 2015.

5. Eric Greitens, Resilience: Hard-Won Wisdom for Living a Better Life (New York: Mariner Books, 2015),110.

6. Mark Goulston, Just Listen: Discover the Secret to Getting Through to Absolutely Anyone (New York: AMACOM, 2015), 55-57.

7. Jonah Lehrer, "The Itch of Curiosity", Wired, Agosto 3, 2010.

8. Entrevista con el autor. Cita usada bajo su autorización.

9. Kees de Jong, "Maria João Pires —esperando otro concierto de Mozart durante un almuerzo en Ámsterdam".

10. Harper Lee, To Kill a Mockingbird (Lippincott, PA: Harper Lee, 1960).

11. Jack Zenger y Joseph Folkman, "The Ideal Praise-to-Criticism Ratio", Harvard Business Review, Marzo 15, 2013.

Capítulo 2. Las emociones impulsan la toma de decisiones

1. Jason Pontin, "The Importance of Feelings", MIT Technology Review, Junio 17, 2014.

2. David Mayer y Herbert M. Greenberg, "What Makes a Good Salesman", Harvard Business Review, Julio 2006.

3. Jason Ankeny, "How These 10 Marketing Campaigns Became Viral Hits", Entrepreneur, Abril 23, 2014.

4. Tony Robbins, "Why We Do What We Do", TED video, 21:45, filmado Febrero 2006, publicado Junio 2006.

5. Mr. Holland's Opus, película dirigida por Stephen Herek, (1995; Burbank, CA: Hollywood), Pictures Home Video, 1996, DVD.

6. Entrevista con el autor. Cita usada bajo su autorización.

Capítulo 3. La libertad está fundamentada en la estructura

1. Eric Greitens, Resilience: Hard-Won Wisdom for Living a Better Life (New York: Mariner Books, 2015), 153.

2. Atul Gawande, The Checklist Manifesto: How to Get Things Right (New York: Metropolitan Books, 2009), 32–34.

3. Entrevista con el autor. Cita usada bajo su autorización.

4. Entrevista con el autor. Cita usada bajo su autorización.

5. John D. Newman y James C. Harris, "The Scientific Contributions of Paul D. MacLean (1913-2007)", The Journal of Nervous and Mental Disease 197 (2009): 3–5, doi:10.1097/NMD.0b013e31818ec5d9.

6. Entrevista con el autor. Cita usada bajo su autorización.

7. Mark Goulston, Just Listen: Discover the Secret to Getting Through to Absolutely Anyone (New York: AMACOM, 2015), 53–54.

8. Matthew Dixon and Brent Adamson, The Challenger Sale: Taking Control of the Customer Conversation (New York: Portfolio, 2011).

Capítulo 4. En las ventas, "no" nunca significa no

1. "J.K. Rowling Biography", Biography, Agosto 2, 2016.

2. Dave Lifton, "The Story of the Beatles' Failed Audition for Decca Records", Ultimate Classic Rock, Enero 1, 2016.

3. Shari Levitin, "Why You Need Emotional Intelligence to Thrive in Sales", podcast audio, Heart and Sell, MP3, 39:39.

4. Entrevista con el autor. Cita usada bajo su autorización.

5. The Wizard of Oz, película dirigida por Victor Fleming, George Cukor y Mervyn LeRoy (1939; lugar de publicación no identificado: Turner Entertainment Co., 1998), DVD.

6. Sue Rochman, "A King's Legacy", Cancer Today, Diciembre 5, 2011.

7. Dennis Gaffney, "Essay: What Made DiMaggio a Great Player?", PBS.

8. Astro Teller, "The unexpected benefit of celebrating failure", TED video, 15:32, filmado en Febrero 2016, publicado Abril 2016.

Capítulo 5. La confianza comienza con la empatía

1. Sally Kohn, "Let's try emotional correctness", TED video, 5:59, filmado en Octubre 2013, publicado Diciembre 2013.

2. Eric Garland, "The 'In Rainbows' Experiment: Did It Work?", NPR, Noviembre 16, 2009.

3. Zig Ziglar, See You At The Top (New York: Simon & Schuster, 2009).

4. Shrek, película dirigida por Vicky Jenson y Andrew Adamson (2001; Glendale, CA: DreamWorks Animation, 2001), DVD.

5. Adrian F. Ward, "The Neuroscience of Everybody's Favorite Topic", Scientific American, Julio 16, 2013.

6. Entrevista con el autor. Cita usada bajo su autorización.

7. Kenneth C. Petress, "Listening: A Vital Skill", Journal of Instructional Psychology 26 (1999):261.

8. Paul J. Donoghue y Mary E. Siegel, Are You Really Listening?: Keys to Successful Communication (Notre Dame, IN: Sorin Books, 2005), 54.

9. Linda Sivertsen y Danielle LaPorte, "Robert McKee: Story is Everything", podcast audio, Beautiful Writers Podcast, MP3, 1:00:00, Marzo 19, 2016.

Capítulo 6. La integridad conduce al éxito

1. Entrevista con el autor. Cita usada bajo su autorización.

2. Willy Wonka and the Chocolate Factory, película dirigida por Mel Stuart, (1971; Burbank, CA: Warner Brothers, 2001), DVD.

3. "Connecting people and Possibilities: The History of FedEx", FedEx, consultado en Agosto 31, 2016.

4. Entrevista con el autor. Cita usada bajo su autorización.

5. Napoleon Hill, Think and Grow Rich (New Delhi, India: General Press, 2016), 21.

6. Liz DiAlto y Martha Beck, "EP119: Martha Beck On Life Coaching, Dreams, And Integrity," podcast audio, Untame the Wild Soul: Spirituality | Womanhood | Sex | Relationships | Success, MP3, 53:07, Julio 11, 2016.

7. BrainyQuote.com.

Capítulo 7. Lo que se puede decir, se puede preguntar

1. Daniel Jones, "The 36 Questions That Lead to Love", The New York Times, Enero 9, 2015.

2. Tony Robbins, "Tony Robbins book excerpt: Questions Are the Answer", Fortune, Octubre 30, 2014.

3. John C. Maxwell, Good Leaders Ask Great Questions (New York: Center Street, 2014), 7.

4. Michael Bosworth y Ben Zoldan, What Great Salespeople Do: The Science of Selling Through Emotional Connection and the Power of Story (New York: McGrow- Hill Education, 2012), 142.

5. Mark Gibson, "Why Salespeople Fail—Failure to Listen to Premature Elaboration—Mike Bosworth Webinar," Advanced Marketing Concepts, Junio 3, 2013.

6. Arman Sadeghi, "6 Rules of Pain and Pleasure—The Science Behind All Human Action," Titanium, Diciembre 5, 2015.

Capítulo 8. El compromiso emocional precede al compromiso económico

1. John Sherill, "Bruce Renfroe", Guideposts, Enero 2001: 61–64.

2. "The Science of Listening", Korn Ferry Institute, Noviembre 8, 201.

3. Paul J. Zak, "How Stories Change the Brain", Greater Good Science Center, Diciembre 17, 2013.

4. Shari Levitin, "The 5 Secrets of an Effective Sales Story", Shari Levitin.

5. Entrevista con el autor. Cita usada bajo su autorización.

Capítulo 9. La persistencia vence la resistencia

1. Pamela Meyer, "How to spot a liar", TED video, 18:50, filmado en Julio 2011, publicado Octubre 11, 2011.

2. Mike Weinberg, New Sales. Simplified.: The Essential Handbook for Prospecting and New Business Development (New York: AMACOM, 2012), 154.

Capítulo 10. Lo negativo obstruye lo positivo

1. Steven Pressfield, The War of Art (New York: Black Irish Entertainment LLC, 2011).

2. Dan Baker, What Happy People Know: How the Science of Happiness Can Change Your Life for the Better (New York: St. Martin's Griffin, 2004), 100.

3. Brad Stone and Sarah Frier, "Facebook Turns 10: The Mark Zuckerberg Interview", Bloomberg Businessweek, Enero 30, 2014.

4. Katherine Harmon, "How Important Is Physical Contact with Your Infant?" Scientific American, Mayo 6, 2010.

5. Ira Glass, "513: 129 Cars", podcast audio, This American Life, MP3, 1:14:11, Diciembre 13, 2013.

6. David McRaney, "Confirmation Bias", You Are Not So Smart, Junio 23, 2010.

7. Viktor E. Frankl, Man's Search for Meaning (Boston: Beacon Press, 2006).

8. Jonathan O'Connell, "When the titan wants to build the town: Under Armour founder Kevin Plank's $5.5 billion plan for Baltimore", Washington Post, Julio 29, 2016.

9. David Brooks, The Road to Character (New York: Random House, 2015).